KB152587

인생의 만족도를 최상위 레벨로 바꾼 여자들의 5가지 전략

신녀성의 레미장센

안상아(신녀성) 지음

TORNADO
토네이도

기억하세요, 지금 이 세계가 전부가 아니란 것을.

당신은 새로운 세계를 열 수 있습니다.

– 신녀성 –

나는 어릴 때부터 욕심이 많았다. 특히 그 나이대에만 할 수 있는 것들을 모두 경험하고 가져보고 싶었다. 초등학생 때부터 고등학생 때까지 매 학년마다 반장선거에 나가 인기를 확인했고, 중고등학교 시절에는 성적을 잘 받는 것뿐만 아닌 대외활동을 겸해 공부 외 스펙을 갖추고 싶었다. 거기에 운동까지 잘하는 학생이고 싶었기에 고등학생 때는 농구부 동아리 여자 주장을 맡기도 하였다. 마지막으로 놀기도 잘 노는 학생이고 싶어 고등학교 축제 시즌이 되면 인근 학교 여기저기에 놀러가 인맥을 넓히기도 하였다. 학생회 임원 신분으로서 말이다.

이후 대학생이 된 후부터는 새로운 욕망에 눈을 뜨기 시작했다. 내 분야에서 최고가 되고 싶은 열망에 당시 롤모델을 찾아가 함께 일하고 싶다는 제안을 성공시켰으며 실력을 쌓아 나감에 따라 한 달에 벌어들이는 액수를 다달이 높여 나갔다. 나아가 월급에 그치지 않고 모은 돈을 어떻게 불릴 수 있을지 고민하기 시작했고 그 결과 남들보다 더 이른 나이에 부동산 투자를 시작할 수 있었다.

지금까지 말한 욕망이 '사람으로서의 욕망'이었다면 당연히 '여자로서의 욕망'도 적지 않았다. 더욱 아름다운 여자가 되고 싶어 대학생이 되자마자 꾸준한 운동과 철저한 식단관리로 건강한 몸매를 유지하려 노력한 건 기본이요, 나를 가장 빛낼 수 있는 스타일링을 찾기 위해 체형과 이미지에 맞는 패션 콘셉트, 헤어와 메이크업 스타일을 연구했다. 왜? 가능하면 하루라도 더 빨리 최고의 내 모습을 세상에 뽐내고 싶었으니까.

마지막으로 나보다 더 나은 사람들과 어울리며 삶의 수준을 높이고 싶었다. 내가 어디에 머물고 누구와 어울리는지가 인생의 만족도를 결정짓는 가장 큰 요인이라고 생각하므로 가급적이면 더 좋은 곳에 머물고, 또 나보다 나은 사람들과 어울리기 위해 내 가치를 높일 수 있는 목표를 세우고 끊임없이 노력했다.

한마디로 정리하면, 매력적인 여자가 되어 원하는 인생을 편하게 살고 싶었다. 솔직한 욕망을 일찌감치 인정하고 어떻게 하면 이를 빠르게 이룰 수 있는지에 대해 관심이 많았던 나는 22살 때부터 블로그에 나의 스토리를 풀어나갔고, 20대를 만족스럽게 보냈다고 자신하기에 30살부터는 유튜브에도 경험담과 노하우를 공유하기 시작했다. 솔직한 욕망에 대한 다른 여성들의 의견이 궁금하기도 했다.

　이런 생각을 공개적으로 드러냈을 때 여성들의 예상치 못한 반응에 깜짝 놀랐다. 자신 또한 그런 욕망이 있었지만 이것을 가감 없이 말하는 사람은 처음 봤다고 했다. 아니, 자신도 그런 욕망을 갖고 싶었지만 애써 외면해왔다고. 다음은 나의 글과 영상에서 욕망에 관해 공감을 많이 받았던 댓글 중 일부이다.

- 노골적으로 본인이 원하는 걸 욕망해도 괜찮다고 말하는 사람은 처음 봤어요. 저는 여태 제 욕망을 알아도 모른 체해왔거든요. 솔직히 말해서 처음엔 신녀성님 영상이 불편했어요. '굳이 이런 걸 왜 말하는 거지?'라고요.
  그러나 얼마 가지 않아 저의 모순점을 인정했어요. 제가 남들과 다른, 속세에 때 묻지 않은 순수한 사람이라고 믿고 싶었으면서도 저 또한 욕망하는 삶의 형태가 있었다는 걸요.

- 신녀성님의 글로 인해서 저의 욕망을 마주하지 않으려고 했다는 사실을 알게 되었어요. 제 욕망에 솔직해지니 비로소 저 자신을 있는 그대로 사랑해줄 수 있게 된 점에 대해 감사드려요.

그때부터 궁금증이 들기 시작했다. 너무나 당연한 이야기에 왜 수많은 여성들은 열렬한 공감과 용기를 내비쳐 주었을까? 누구나 지금보다 더 잘 살고 싶은 본능적인 욕심이 있는 것이 당연한데, 왜 욕망을 모른 체하는 것이었을까? 욕망을 알고 있음에도 왜 인정하지 않으려는 걸까? 현재 당신은 스스로의 욕망에 정말 솔직하다고 말할 수 있나?

욕망을 가진 사람은 반짝이고 섹시하다. 욕망은 내 인생을 잘 살고자 하는 의지요, 더 나은 세계를 향한 꿈이다. 나는 당신이 새로운 세계를 마음껏 욕망하고 그걸 건강하게 이루어 나갔으면 좋겠다. 이것이야말로 내 인생에 대한 정중한 예의이자 동시에 나를 성장시키는 최고의 노력이 아닐까? 나아가 타인에게 욕망의 대상이 되는 짜릿한 경험을 즐겼으면 좋겠다. 그것도 가능한 멋진 사람들에게.

여기서 욕망이란 단어에서 직관적으로 느껴지는 욕정만을 뜻하는 것이 아니다. 당신으로부터 빛이 나기에 시선을 뗄 수 없도록, 당신 옆에 계속 머물고 싶도록 만드는 유혹의 힘이다. 그 스스로가 더욱 괜찮은 사람이 되고 싶어 하는 자극을 줄 수 있는, 그런 아름다운 욕망을 불러일으키는 사람이 되라.

여대를 나오고 여자를 대상으로 10년 넘게 일을 하다 보니 한 가지 알게 된 사실이 있다. 결국 인생을 행복하게 살아가는 여성들은 자신이 원하는 것을 당당하게 욕망하고 그것을 우아하게 쟁취하는 여성들이라는 점이다. 그녀들을 오랫동안 관찰해보니 확실히 일반적인 여성들과 남다른 특징이 하나둘씩 보이기 시작했고, 그녀들의 비법을 나만의 방식으로 활용하기 위해 부단히 노력했다.

이 책의 내용은 내가 스승으로 삼아온 매력적이면서도 지혜로운 여성들의 현실적인 조언임과 동시에 나의 20대를 온전히 바쳐서 얻어낸 인사이트이다. 무엇보다 이 모든 내용들을 주제별, 단계별로 정리해 시작한 컨설팅 사업인 '레미장센'을 통해 직접 만난 600여 명의 여성들에게 변화를 일으킨 실천적 방안이기도 하다.

솔직히 말해 나는 이 글을 읽고 있는 당신이 부러울 따름이다. 인생을 바꿔줄 수 있는 노하우가 담긴 이 책을 비교적 손쉽게 구했으니 말이다. 이제 당신이 할 일은 더 나은 삶을 마음껏 욕망하되 차분한 태도로 나를 따라오는 것이다. 그러나 나의 역할은 디렉션을 주는 것일 뿐, 영화 속 주인공인 당신을 직접 움직이는 건 오로지 자신뿐이란 걸 명심하자.

새로운 세계에 첫발을 들인 걸 진심으로 환영한다.

신녀성

STAGE 2 담보
절대적인 자기 확신 갖기

STAGE 3 연출
고급스러운 분위기 연출하기

STAGE 4 표현
콘텐츠를 통해 나만의 캐릭터 만들기

❧

STAGE 5 매력
은밀하면서 우아한 권력 갖추기

❧

원하는 인생을 쉽게 살기 위한
5가지 방법

◇　　원하는 인생을 살아가는 방법은 간단하다. 먼저 나의 욕망이 무엇인지 파악하고 솔직하게 인정하자. 그런 다음 그 욕망을 이루기 위해 필요한 것을 갖추면 된다.

여기서 필요한 것이란?
내가 원하는 것을 갖고 있는 사람의 마음을 얻을 수 있는 능력.

어떻게 얻을 것인가?
나에게 알아서 주고 싶게 만들어서.

다시, 내가 원하는 것을 줄 수 있는 사람의 욕망을 파악해 그것을 먼저 채워 만족시켜 주고(유혹) 그 이후에 그로부터 내가 갖고 싶은 것을 얻어내면 된다(성공). 너무 어려운 것 아니냐고? 전혀.

당신은 이미 어릴 때부터 이와 같은 과정을 수련해왔다. 어릴 적 갖고 싶은 장난감을 갖기 위해 애교를 부리며 할머니께 떼를 썼을 수도 있고(너무 귀여워서 차마 사주지 않을 수 없을 정도의 표정을 필살기로), 당당하게 용돈을 올려달라고 말할 수 있도록 지난 시험보다 높은 등수의 성적표를 엄마한테 내밀었을 수도 있다. 이뿐일까? 짝사랑하는 남자의 관심을 받기 위해 그의 이상형에 관한 정보를 알아내 닮고자 노력했던 순간, 입사하고 싶은 기업에서 원하는 인재상과 요구하는 스펙을 파악하고 준비하는 것 모두가 유혹에 성공하고자 노력한 과정이었던 것이다. 이 책에서 '유혹'은 이성을 꾀어내는 것에 국한하는 개념이 아니란 점을 미리 밝혀둔다.

이처럼 유혹에 필요한 일련의 과정을 나는 '협상'이라고 부르고 싶고, 앞으로 당신이 경험하는 모든 과정을 협상이라 인식해 유혹에 성공하길 바라는 마음이다. 생각해보자. 인생에서 선택의 순간이 협상이 아니었던 적이 있던가?

진정한 협상은 쌍방이 모두 원하는 것을 갖는 것이다. 즉, 내가 원하는 것을 상대로부터 얻을 수 있고 상대가 원하는 것을 나역시 제공할 수 있는 힘의 평형 상태를 의미한다. 나만 잘 살고자 남을 착취하는 건 이기주의자지만, 내가 잘 살고 싶지만 너도 잘 살길 바라는 마음으로 나를 위한 공동승리를 추구하는 것은 건강한 개인주의자이다. 참가자 중 단 한 명만 승리자가 될 수 있다는 고정관념에서 벗어나자.

지금부터 '내가 원하는 것을 가지면 상대방이 지는 것'이라는 생각을 버리자. 그 사람은 슬플 것이고 나를 원망할 수도 있다는 감정에 빠지면 협상을 제대로 진행할 수 없다. 이는 당신이 원하는 것을 욕망하고 갖기 위해 노력하는 앞길을 막는 방해요인이자, 미움받기 두려워 눈치 보는 사람으로 만드는 장애물이 된다.

그러니 지금 이 자리에서 다시 머릿속에 되새기자.

'내가 원하는 것을 얻는 것과 상대방이 원하는 것 또한 동시에 가질 수 있게 만드는 건 가능하다. 이것은 가장 똑똑한 협상 방법이다.'

하나 덧붙이면 가능한 쉽고 편한 방법으로 협상하자는 것이다. 얼핏 보기에는 간단해 보이는 문장이지만 성공적인 협상을 위해 현실에서는 매우 다양한 능력이 요구되기에, 어떤 능력을 어떠한 순서대로 갖추어야 하는지 가늠하기조차 어렵다. 그러나 이 과정을 제대로 이해하고 훈련한다면 남은 인생을 훨씬 효율적으로 살아갈 수 있을 것이다. 원하는 인생을 쉽게 살기 위한 5가지 방법은 다음과 같다.

STAGE 1. 욕망 | 원하는 것에 솔직해지기

학습 목표: 나는 앞으로 어떠한 인생을 살고 싶은지 다양한 경험과 성찰을 통해 파악하기. 원하는 것을 솔직하게 말할 수 있는 용기 갖기.

'나는 누구일까?'

평생을 자문해도 답을 내리기 어려운 질문인 만큼 이 질문에 자신 있게 대답할 수만 있다면 또는 대답하기 위해 노력하고 있다면 원하는 인생을 올바르게 살아가고 있는 것이다.

거창하거나 어렵게 생각하지 말자. '나는 누구일까?'라는 질문을 '나는 지금 무엇을 원하는가?'라고 바꾸면 훨씬 대답하기 쉬울 것이다. 의외로 많은 사람들이 자신이 무엇을 원하는지 모르겠다라며 자신의 욕망을 찾는 방법을 알려달라고 말한다. 그러나 주변 사람들의 심기를 거슬리게 만들고 싶지 않아 본인의 감정과 생각을 억누른 채로 살아왔기에 알지 못했을 수 있다.

우리는 왜 자신만이 알 수 있는 욕망조차 모르고 살아온 것일까? 이렇게 만든 환경은 대체 무엇이었을까? 이 단계에서는 당신이 그동안 왜 자신의 욕망을 발견하고 인정하기 어려웠는지 그 이유를 살펴보고, 욕망을 파악하기 위한 실천적 방법을 제시한다. 책에서 가장 근간이자 핵심이 되는 내용이므로, 자신이 어떠한 욕망을 가지고 있는지 끊임없이 고민하고 성찰해보길 바란다.

STAGE 2. 담보 | 절대적인 자기 확신 갖기

학습 목표: 나만의 담보를 갖추어 자존감 높이기. 남의 시선과 평가로 결정되는 인생이 아닌 내 욕망대로 살아가도 된다는 확신 갖기.

   나를 찾아온 이들은 말한다.

"자신감 있는 사람처럼 보이고 싶어요."

"여유로운 분위기를 갖고 싶어요."

   당장 그럴듯하게 보이는 연출법을 알려줄 수는 있지만(자신감 있어 보이기 위한 시선 처리나, 여유로움을 풍길 수 있는 말투와 행동 등) 진정 자신이 되고자 하는 이미지와 분위기를 자연스럽게 연출하기 위해서는 내면의 단단함이 먼저 갖추어져야 한다. 진정한 매력은 자연스러움에서 나오기 때문이다. 실제로 자신감이 있고 여유로운 사람이라면 그 사람의 표정, 말과 행동, 무의식적인 습관 등 모든 것들에서 자신감과 여유로움이 저절로 뿜어져 나온다. 이와 같은 자연스러움을 위해 '담보'라는 나만의 개념을 활용하여 당신의 자존감과 자기 확신을 높이는 방법을 설명한다.

STAGE 3. 연출 | 고급스러운 분위기 연출하기

학습 목표: 매력적인 사람으로 보이는 연출력 요소들을 이해하고 활용하기.

사람들의 마음을 쉽게 얻을 수 있다면 인생 난이도는 급격히 낮아진다. 당신이 원하는 것을 줄 수 있는 사람이 그만큼 많아지기 때문이다. 그렇다면 어떻게 해야 사람들에게 호감을 얻을 수 있을까? 바로 나와 친해지고 싶다는 생각을 상대방의 머릿속에 심어주면 된다.

'저 사람은 나보다 가치가 높아 보여. 저 사람과 함께 어울려서 나 또한 그만한 수준이라는 것을 증명하고 느끼고 싶어!'

이때 필요한 첫 번째 조건은 우아하고 품위 있는, 함부로 대할 수 없는 분위기를 나타내는 것이다. 여기에서는 '시각적 이미지 요소'인 표정, 자태, 몸짓부터 시작해 '청각적 이미지 요소'인 말투와 사용하는 어휘의 풍부함, 문장 표현 능력, 그리고 당신의 '수준'을 간접적으로 드러내줄 수 있는 문화 예술적 취향까지 총체적인 애티튜드attitude를 어떻게 관리해야 하는지에 대해 알아본다. "너무 꾸며진 것이 아니냐?"고 물으신다면 "그러한 연출력에 걸맞은 내적 능력이 뒷받침된다면(가치가 높아 '보이는 것'을 넘어서서 실제로 가치가 '높은 것') 문제가 될 것이 없지 않은가?"라고 되묻고 싶다. 자세한 건 STAGE 3에서 확인하자.

STAGE 4. 표현 | 콘텐츠를 통해 나만의 캐릭터 만들기

학습 목표: 언제 어디서 누구와 어떠한 대화를 하든 어려움 느끼지 않기. 대체될 수 없는 나만의 퍼스널 브랜드 만들어보기.

컨설팅에서 대화와 관련해 가장 많이 받는 질문이 있다.

"처음 만나는 사람과 무슨 말을 해야 할지 모르겠어요."

"저와 대화하면 즐겁다는 느낌을 주고 싶은데 어떻게 하면 말을 잘할 수 있을까요?"

이와 같은 고민에 대한 나의 질문 첫마디를 들으면 그녀들은 항상 '어! 정말 그런 것 같아요!' 하면서 무릎을 탁 치곤 했다. 그 질문은 다음과 같았다.

"평소 사람과 사물에 대한 호기심이 없는 편은 아니었을까요? 어쩌면 그 이전에 관찰력 부족일 수도 있고요."

대화에 필요한 콘텐츠는 주의 깊은 관찰을 통해 얻을 수 있다. 일상 속에서 관찰을 습관으로 만들고 그 속에서 의식적으로 궁금함을 갖도록 연습하자. 그 궁금증을 해결해 보면서 알게 된 일련의 에피소드를 머릿속에 저장해두고 적재적소에 꺼내 활용해 보자. 이렇게 쌓인 콘텐츠 데이터들이 당신을 이야기꾼으로 만들어줄 것이다.

여기서 조금 더 욕심 내본다면 STAGE 3에서 익힌 연출력을 활용해 더욱 풍부하고 입체적인 분위기로 대화하는 것이다. 나아가 자신만의 차별화된 브랜드를 만드는 방법을 소개한다. STAGE 4에서 배울 능력은 마지막 단계인 STAGE 5에서 배울 유혹과 처세술에 있어 밑바탕이 되는 요소이니 반드시 내 것으로 만들자. 유혹의 기본은 상대의 결핍이 무엇인지 파악하는 것이므로 '관찰'은 필수다.

STAGE 5. 매력 | 은밀하면서 우아한 권력 갖추기

학습 목표: 매력이란 삶의 모든 영역에서 적용될 수 있는 협상 능력이라는 개념 이해하기. 간접적이지만 그 무엇보다 강력한 유혹법을 익혀 상대의 마음을 얻기.

어느 한 명품 브랜드의 가방을 사기 위해서는 그 이전에 다른 아이템을 구매한 이력이 있어야 하는 것처럼 누구나 어울리고 싶어 하는 사람의 마음을 얻기 위해서도 여유로운 계획과 철저한 전략이 필요하다.

그러나 대부분은 원하는 것을 당장 내 것으로 만들고 싶은 조급한 마음에 유혹에 실패해버리고 만다. 명심하자. 유혹은 결코 쉽지 않은 긴 여정이다. 단번에 성공하고자 하는 조급함과 충동을 버리는 것부터 시작하자. 노골적이고 촌스러운 방식이 아닌 은밀하고도 세련된 언어와 몸짓을 하나씩 익혀 나가자. 그런 다음 상대의 결핍이 무엇인지를 정확하게 꿰뚫을 수 있는 통찰력을 바탕으로 흥미로운 대화를 활용해 그가 원하는 것을 제공해주자. 물론 가장 밑바탕은 '나는 당신의 마음을 사로잡을 수 있는 가치 높은 여자야'라는 근거 있는 자신감인 건 말할 것도 없고. 이 모든 과정에서 필요한 요소들은 STAGE 1~4에서 이미 갖추어졌을 거라고 믿는다.

모든 사람들은 손해 보길 원치 않으며 그중 대부분의 사람들은 인간관계에서 자신의 이득과 손실이 동등한 상태로 살아간다. 우리의 목표는 나의 손실보다 이득이 훨씬 큰 상태를 지속해 편안한 삶을 살아가는 것이다. 50을 주고 50을 받는 게 아닌 50을 주고 100을 받는 사람이 진정한 승자이며 그것은 충분히 가능한 일, 매력적인 유혹이란 것을 기억해두길 바란다.

STAGE 1

원하는 것에 솔직해지기

미움받기를 두려워하지 마라

◇　　　레미장센 컨설팅을 통해 600명이 넘는 여성들을 일대 일 또는 그룹으로 만나 그녀들의 고민을 듣고 해결해 주는 일을 하였다. 당신은 이 말을 듣고 다음과 같이 생각할 수 있다.

'600명이요? 각기 다른 고민을 들고 찾아올 텐데 어떻게 600가지의 해결책을 제시할 수 있나요?'

그녀들이 작성한 사전 질문지에 대한 답변을 읽고 꼼꼼히 준비해 대응할 수 있었으며, 풍부한 직간접적인 경험을 재료로 삼아 빠른 시간 내에 해결책을 제공해줄 수도 있었다. 그러나 가장 결정적인 이유는 2030 여성들의 고민이 '다 거기서 거기'였기 때문이다.

오해하진 말자. 그녀들의 고민 무게가 가볍다는 것이 결코 아니다. 다만 동시대의 문화 속에서 비슷한 교육을 받고 가치관을 형성해왔기에 당신의 고민이 나의 고민이었고, 나의 고민이 당신의 고민이 될 수도 있다는 것이다. 또한 그 고민은 '내가 진정 원하는 것에 대한 욕망과 타인으로부터 미움받을 것에 대한 두려움'의 경계에서 생기는 것이 대부분이었다. 어쩌면 당신도 겪었을 법한 고민의 내용이 무엇인지는 다음 두 사례를 통해 알아보자.

대학교 3학년인 A는 학점을 위한 전공 공부, 취업을 위한 대외활동, 용돈을 벌기 위한 아르바이트 등으로 24시간이 부족한 나날을 보내고 있다. 그러던 어느 날 아르바이트 일정이 바뀌어 모처럼 토요일 저녁에 여유가 생기게 되었다. A는 그동안 못 본 밀려 있던 드라마를 보려고 침대에 막 누웠는데, 친한 친구 B에게 전화가 걸려왔다. 남자친구와 싸워 기분이 우울하다며 지금 너희 집 앞으로 갈 테니 자신을 위로해달라는 것이다.

A는 고민에 빠졌다. 모처럼 자신을 위한 달콤한 휴식시간을 갖고 싶지만, 친구의 슬픔을 모른 척하면 그녀가 서운해할 것 같았기 때문이다. 쉬지 못하면 피로가 쌓이겠지만 A는 결국 B의 부탁을 들어주기로 하고 자신의 결정을 합리화하기 시작했다.

'내가 조금 피곤하고 말지. 괜히 이 일로 친구와 사이가 어색해지거나 틀어지는 것보다 나을 거야. 모처럼 친구를 만나는 것도 나름의 휴식이 될 수도 있고.'

여러 이유로 합리화가 필요한 만남은 건강한 만남이 아니라는 것을 과거 비슷한 경험을 통해 알고 있음에도 말이다.

20대 후반인 C는 2주년을 앞둔 남자친구와 교제 중이다. C는 남자친구와 기념일에 서로 받고 싶은 선물을 사주기로 약속한 것을 기억하고 그가 이전부터 필요하다고 말한 노트북을 미리 준비해놓았다. 그리고 그녀 또한 몇 개월 전부터 눈여겨보던 가방을 선물 받고 싶은 마음에 그녀가 그랬던 것처럼 똑같이 남자친구가 자신에게 무엇을 원하는지를 물어봐주길 기다리고 있었다.

그러나 기념일이 일주일 앞으로 다가와도 남자친구가 물어볼 기미를 보이지 않았다. 요새 회사일로 바쁘다는 것은 알기에 여태 참아왔지만 이대로 기념일을 넘어갈 것 같아 용기 내어 말을 꺼냈다. 최대한 그의 기분이 상하지 않도록 웃으면서 말했다.

"나는 오빠 선물 미리 다 준비했어. 예전에 갖고 싶다고 말했던 노트북이야. 새 노트북이니까 게임도 더 빠르게 할 수 있을 거야."

그는 아차 싶었다며 그녀에게 무엇이 갖고 싶은지 말해보라고 하였다. 그토록 기다리던 질문이었는데 이상하게 그녀는 입이 떨어지지 않았다.

'오빠 선물보다 조금 더 가격이 비쌀 텐데 나를 이기적으로 보면 어쩌지?'

'오빠는 실용적인 것을 갖고 싶다고 했는데, 가방을 사달라고 하면 나를 사치스럽다고 생각할지도 몰라.'

'가방을 말했을 때 오빠가 비싸서 못 사주겠다고 하면, 나는 어떻게 대답해야 민망한 상황에서 빨리 벗어날 수 있을 걸까?'

온갖 생각으로 머릿속이 복잡했기 때문이다. 결국 그녀는 아직 선물을 정하지 못했다며 조금 더 생각해보겠다고 그 순간을 회피한 후, 다음 날 문자로 지금 신고 있는 운동화가 너무 낡았다며 새 신발을 사달라고 메시지를 보냈다. 원래 생각하던 선물의 절반 정도 가격에 해당하는 선물이었다. 갖고 싶던 가방을 갖진 못했지만 혹시라도 남자친구에게 '개념 없고 사치스러운 여자친구'로 보일 수도 있는 위험을 감수하는 것보다는 마음이 편했기에 그녀는 쓸쓸한 한숨을 내쉬었다.

앞의 두 사례에서 주인공들의 공통적인 문제점은 무엇일까?

자기 검열을 멈춰라

첫 번째 문제점은 지나친 자기 검열 즉, 필요 이상으로 눈치를 보는 것이다.

'나의 답변이 상대의 마음에 안 들진 않을까?'

'내가 원하는 것을 솔직하게 말했을 때 예전처럼 좋은 사이를 유지하지 못하면 어쩌지?'

이렇게 생각하는 이들에게 해주고 싶은 말이 있다. 먼저, 둘 사이의 관계(더군다나 사회적인 위치가 동등한)에서 왜 당신만 전전 긍긍하는 태도를 취하고 있는지 이유를 살펴보자.

서로가 함께 노력해야 하는 관계에서 왜 당신의 말과 행동만이 상대에게 평가를 받는 것이라고 생각하는가? 설령 상대방이 당신을 평가한다고 하더라도 당신 또한 동등한 입장에서 상대를 평가할 수 있지 않은가? 자기 검열이 심할수록 관계에서 무의식적으로 자신을 '을'의 입장으로 여길 확률이 높다. 명심하자. 인간관계에서 스스로를 먼저 아껴야 비로소 이 관계가 오랫동안 행복하게 유지될 수 있다는 것을.

한 가지 더 고민되는 부분이 있다면 지레짐작만 하지 말고 상대방에게 직접 물어보자. 우리는 자신이 익숙하지 못한 상황을 마주했을 때의 당혹감과 공포감이 예상되면 애초부터 그 상황을 회피하려는 경향이 있다. 당장은 부정적인 감정으로부터 벗어날 수 있겠지만 이러한 회피가 지속되면 당신은 욕망대로 살 수 없고, 결국 주체적인 삶이 아닌 남들의 시선에 이끌리는 삶을 살 수밖에 없다. 다시 한번 명심하자. 당신의 기분을 표현할 수 있고 상대방의 의견이 어떠한지를 직시할 줄 알아야 비로소 존중받을 수 있다.

추측만으로 상대방의 행동을 예측하게 되면, 당신이 상대방을 나쁜 사람으로 억울하게 만들어 버리는 역설적인 상황이 일어날 수 있다.

앞의 예시에서 만약 A가 "미안하지만 내가 오늘은 컨디션이 좋지 않아서 만나도 너에게 집중하기 어려울 거 같아. 나는 너를 좋은 컨디션으로 진심을 다해 위로해주고 싶어서 그러는데 모레 점심은 어때?"라고 말했을 때 친구 B 또한(당신을 존중하는 친구라면) 알겠다고 수긍하는 걸 넘어서서 자신을 진정으로 위해 주는 마음에 고마움까지 느낄 수 있을 것이다.

그런데 이미 상상 속에서 A는 친구 B를 자신의 상황을 솔직하게 이야기했을 때 이해해주지 않을 것 같은 이해심이 부족한 친구로 가정해버린 것이다. 추후에 보상심리가 발동하여 B에게 "나는 그때 컨디션이 안 좋았음에도 불구하고 너를 위해 시간 내서 나갔어"라며 서운함을 표시했는데 B가 "나는 너가 컨디션이 안 좋은지 몰랐어. 만약 너가 그렇게 말했다면 내가 다음에 보자고 했을 거야'라고 말한다면 A는 당황할 수밖에 없을 것이다.

상대의 행복을 나의 행복보다 우위에 두지 마라

다음 문제점은 자신의 행복보다 상대의 행복을 더욱 중요시한 것이다. 내 행복을 우선하고 싶은데, 의지와 반대로 자기 검열을 통해 상대가 나를 싫어할까봐 상대의 행복을 최우선하게 되면 그 모순으로 인해 불편한 감정이 들게 된다. 내가 행복하기 위한 의사결정을 내려야 한다는 사실을 알고 있는데, 그럼에도 불구하고 행복하지 않은 선택을 내렸으니 이 얼마나 인지부조화로 인한 스트레스인가? 많은 여성들이 나에게 고해성사 하듯이 속마음을 털어놓는다.

"'착하다'라는 칭찬 아닌 칭찬은 더 이상 듣고 싶지 않아요. 전 사실 착하지 않거든요. 그런데 그런 말들로 인해서 착하지 않으면 안 될 것 같아서 또 착해지고 말아버립니다."

기억하자. '착하다'라는 말은 결코 칭찬이 아니다. 아니, 당신이 그 말을 듣고 기분이 좋다면 칭찬이겠지만 이 글을 읽는 대부분의 여성들은 기분이 좋지 않을 것이라고 예상한다. 그러면 칭찬이 아니다.

모든 기준은 당신의 기분이다. 그러한 평가는 별로 기분 좋지 않다고 얘기하자. 컨설팅에서도 의외로 많은 여성들이 '착하다'라는 칭찬에 기분이 좋지 않았다고 털어놓곤 하였다. 그 말을 들을 때면 마치 '너는 착한 사람이라서 이 관계에서 내가 편할 수 있어. 그러니 앞으로도 계속 착한 사람이면 좋겠어'라는 느낌을 받는다고.

혹자는 이러한 생각이 일종의 피해의식이 아니냐는 반론을 제기할 수 있지만, 적어도 나는 평가 내리는 행위가(특히 그 내용이 누군가를 자신이 원하는 대로 행동해주길 바라는 내용일 때) 자신이 그 사람을 원하는 대로 통제하기 위한 일종의 '권력 행사'라고 생각한다. 그 사람이 의식한 것이든 그렇지 않은 것이든 말이다.

이것에 대한 의견은 각기 다르겠지만, 나의 결론은 이것이다. '착하다'라는 말을 들었을 때 당신의 기분이 어떠했는가? 그리고 왜 그러한 기분이 들었는지 분석해 보았는가?

인지부조화로 인한 불편한 감정은 내가 행복하기 위한 의사 결정을 내려야 한다는 사실을 알고 있음에도 행복하지 않은 선택을 내릴 때 드는 것이라고 말했다. 이를 해결할 수 있는 방법이 있다. 더 강하게 원하는 욕망 하나를 선택하고, 다른 하나는 깔끔하게 포기하는 것이다.

만약 '타인이 나를 좋게 봐주는 것'이 더 중요하다면 '피곤해서 쉬고 싶다는 욕망'과 '갖고 싶은 선물을 나도 받고 싶다는 욕망'을 버려야 한다. 상대의 편안함에 나를 맞춰야 한다. 이때의 부작용은 당신의 욕망은 타자의 욕망을 욕망한다는 것, 온전히 당신의 인생을 살지 못한다는 것, 그럴수록 나 자신이 아닌 남의 인생을 위해 살아가는 비극적인 일이 발생한다는 것이다.

반대로 내 욕망이 더 중요하다면 상대가 나를 미워할 수도 있을 거라는 두려움과 공포를 감수해야만 한다. 겁먹지 말자. 처음만 어렵지 이내 익숙해진다. 타인의 시선으로부터 자유로워질 수 있는 방법에 대해서는 뒤에서 자세히 설명하도록 하겠다.

이 2가지 선택사항 중에서 하나를 선택하고 하나를 포기해야 하는데, 둘 다 포기가 안 되니까 상대의 눈치를 보는 일이 발생하는 것이다. 이 또한 많은 여성의 고민 중 하나였다.

"저는 남의 눈치를 많이 보는 편인데 이 성격을 고치고 싶어요."

한번 생각해보자. 대체 눈치를 본다는 것은 어떤 뜻일까? '남의 마음과 태도를 살핀다'라는 국어사전 정의에 따르면 마냥 부정적인 의미만 있는 것처럼 보이지 않는다. 이 책에서 강조하는 능력 중 하나인 '상대방이 원하는 것이 무엇인지 파악하고 제공해주는 것'에 필수적인 요소이기도 하니까 말이다.

그러나 부정적인 상황의 충돌지점은 여기서 발생한다. 솔직한 심정으로는 상대방이 원하는 것을 제공해주고 싶지 않지만(내 욕망대로 행동하고 싶지만), 그렇게 했을 때 상대방이 불편해하는 모습을 보고 싶지 않기 때문에(더 정확히 표현하면 상대방이 불편해하는 모습으로 인해 내 마음이 불편해지는 것을 원치 않으므로) 이 사이에서 갈등하는 것. 내가 원하는 걸 어디까지 표현해도 되는지 알기 위해 상대방의 기분을 나의 기분보다 더욱 살피며 그 적정선을 조용히 맞추고자 상대방과 협상 없이 나 홀로 애쓰는 것이 바로 눈치를 보는 것이다.

여기서 잠깐 생각하는 시간을 가져보자. 당신은 눈치를 보는 사람인가? 만약 그렇다면 어떠한 상황에서 혹은 어떠한 사람 앞에서 유난히 눈치를 보는가? 스스로 인정하고 싶지 않은 사실을 인정하는 것부터가 용기 있는 첫걸음이니 마주하기 고통스럽더라도 글로 쓰면서 내면을 마주해보자.

02

우리는 왜 착하지만
불행한 여자가 되었을까?

✧　'착하다'라는 표현은 받아들이는 사람마다 이 의미를 다르게 해석할 수 있겠지만, 보통 '나보다 남을 위해 이득을 일부분 포기할 수 있는', '자신의 주장을 내세우기보다는 상대방의 주장을 들어주는'과 같이 이타적인 태도를 주요요소로 떠올린다. 이러한 맥락으로 비추어 보았을 때 진짜 착한 사람은 자신이 내린 결정에 대해 불편한 감정이 들지 않는다. 여기서 '진짜'라는 의미는 타인이 나를 어떻게 바라보고 평가하는지와 무관하게 결정을 내리는 것을 뜻한다. 오히려 자신의 양보와 배려로 인해 타인이 미소 짓는 모습에 뿌듯할 것이다. 그 만족감에 자존감이 높아질 수 있다.

문제는 착하지도 않은 사람이 착한 척하는 것이다. 자신이 손해를 본 만큼 보상을 받아야 하는데 받지 못하니 마음이 편하지도 않고 기분도 좋지 않다. 게다가 "고마워, 너 진짜 착하구나!"라는 말이 그 손해를 메워줄 만한 보상이 아니라는 생각이 들면 그 상황에서 스스로를 대접해주지 못한 것 같아 자존감이 낮아질 수밖에 없다.

이러한 '착한 척으로 인한 피해'의 상황이 반복되면 어떠한 일이 발생하느냐? 남이 나를 대접해주는 상황에서조차 불편한 감정을 느끼게 된다. 상대가 자신의 욕망보다 당신의 욕망을 위해 자원(감정, 시간, 돈 등)을 쓴다 해도 그 상황에서조차 착한 척을 하는 것이 몸에 배었기 때문이다.

가령, 데이트를 마치고 남자친구가 집까지 바래다주겠다는 호의에 혹시라도 나를 바래다주는 게 남자친구가 피곤해하거나 나와의 데이트에서 앞으로 부담감을 느낄까봐 거절한다라든지, 또는 저녁을 함께 먹기로 약속한 친구가 "오늘은 네가 좋아하는 음식 메뉴로 고르자"라고 말할 때 "나는 아무거나 잘 먹어. 너가 먹고 싶은 걸로 먹자"라며 원하는 것을 솔직하게 말하지 못하는 등등의 상황에서, 나아가 자신이 지불한 대가에 대한 서비스를 받는 것에서조차 불편함을 느끼는 것도 이러한 맥락에 해당되는 상황이다.

미용실에 들어가 겉옷을 벗고 가운으로 갈아입을 때 보통은 내가 입고 간 겉옷을 직원이 받아주고 가운을 입혀주는데 이처럼 '자신을 대접해주는 행위'를 자연스럽게 받기 어려워하는 사람들이 있다.

비슷한 사례로 어깨가 뭉친 곳을 풀기 위해 샵으로 마사지를 받으러 갔는데 마사지샵 직원이 자신이 요청한 부위가 아닌 자꾸 다른 부위를 누른다면 "그 부위보다 조금 더 아래쪽을 눌러주시겠어요?"라고 말할 수 있다(원하는 서비스를 받기 위해 합의된 금액을 지불한 것이므로, 이걸 갑질이라고 보는 사람은 설마 없을 거라고 믿는다). 그렇지만 이렇게 요구하는 것조차 망설이는 경우를 꽤 많이 보았다. 그리하여 또 고민을 털어놓곤 한다.

"저는 왜 남에게 대접받는 상황이 어색할까요?"

"왜냐고요? 착하지도 않은데 착한 척하면서 살아왔으니까요. 그것도 너무 오랫동안."

마사지를 받는 상황에서 앞의 사례처럼 요구했을 때 상대방이 자신을 까다로운 사람이라 여기고 그 언짢음을 표현할까봐, 그리고 그 언짢음을 표현하는 사람의 태도를 직면해야 하는 것에 대해 두려움을 갖고 있어 까다롭지 않은 고객인 척, 즉 착한 척을 하는 것이다.

그렇다면 왜 우리는 그토록 '미움받는 것', '비난 받는 것'에 대해 과한 공포심을 갖고 있는 것일까? 욕망을 억누르며 살아올 수밖에 없었던 슬픈 사연이라도 있는 것일까?

모든 것이 괜찮은 것은 사실 괜찮지 않다

솔직하게 말해보겠다. 어릴 때 보통의 어른들에게서 듣고 자라온 말들 중에서 이 세상을 똑똑하게 살아가려면 어느 정도, 알아서, 필요한 것만 걸러서 들어야 할 것들이 있다고 생각한다. 그것은 학교에서 배워온 교과서적인 가르침일 수도 있고, 지금 우리와는 다른 시대의 문화적 배경 속에서 살아오신 부모님의 말씀일 수도 있다.

우리는 어릴 때부터 "선생님 말씀 잘 들어야 해", "친구와 싸우지 말고 사이좋게 지내"라는 말을 들으면서 자라왔다. 선생님 말씀을 안 듣는 것보다 잘 듣는 것이, 친구와 싸우는 것보다 사이좋게 지내는 것이 물론 좋다. 그러나 지금 와서 돌이켜보면 그 가르침과 조언이 우리의 욕망을 억누르게 만든 일부 원인이 된 것일 수도 있다는 생각을 해본다. 선생님의 말씀, 어른의 이야기가 항상 옳은 것일까? 나에게는 옳지 않은 일일 수도 있지 않을까? 옳지 않다는 생각이 든다면 혹은 그게 아닌 순전한 호기심에서라도 선생님의 말씀에 "왜요?" 또는 "저는 그렇게 하고 싶지 않아요"라고 말하면 안 될까? 친구가 나의 기분을 상하게 했거나 작은 충돌이 생겼을 때 무조건 사이좋게 지내기 위해 친구의 눈치를 보며 위축되는 것보다 차라리 한 번쯤은 대담하게 싸워보면 안 될까?

컨설팅으로 만난, 스스로도 자신이 '착한 여자 콤플렉스'가 있다고 말하는 여성들의 공통점 중 하나가 어릴 때부터 지금까지 너무나도 말을 잘 들어왔다는 것이다. 그 대상이 부모님이든 선생님이든 사회적 규범이든 말이다. 또 '딴짓'을 하지도 않은 모범생인 경우도 많았다. 물론 말을 잘 듣는 학생이었다고 해서 모든 여자들이 착한 척하고 있다는 뜻은 아니다. 다만, 무조건적으로 말을 잘 들었다면 타인의 강요나 지시를 그대로 따라왔기 때문에 내가 진짜 원하는 것이 무엇인지 생각할 기회가 상대적으로 더 적었을 수 있다는 의미다. 또 일직선으로 올곧게 가지 않고 조금은 삐뚤어지게 나아가며 가끔은 선을 살짝 넘는다고 해서 큰일 나는 것이 아니란 걸 착한 그녀들은 몰랐을 수도 있지 않았을까? 라는 걸 말하고 싶다.

그녀들에겐 모든 것이 너무나도 조심스럽다. 조금은 '과감하게 행동'해도 되는데 혹시라도 타인의 기분을 상하게 할까봐 차라리 자신이 하고 싶은 말과 행동을 숨겨버린다. 그게 더 쉽기 때문이다. 그래서 착한 그녀들은 모든 것이 다 괜찮다. 사실 전혀 괜찮지 않은 상황에서 마음에 들지 않는 제안을 받았을 때에도 괜찮다고 말하며, 억지로 상대 부탁을 들어주기도 하며, 원하는 것이 무엇인지 질문을 받았을 때에도 아무거나 괜찮다고 말한다. 여기서 슬픈 것은 정말 괜찮다는 것이다. 왜? 자신이 무엇을 원하는지 정말로 모르기 때문에.

올바르게 짚고 넘어가자. 이건 이래서 좋고 저건 저래서 싫다고 정확하게 말을 해야 상대방이 당신에게 좋아하는 것을 해주려고, 싫어하는 것을 해주지 않으려고 노력할 것이다. 그게 바로 모든 여성들이 그토록 원하는 '대접받는 삶'이다.

하지만 안타깝게도 우리는 어렸을 적부터 나의 주장을 내세우기보다는 남의 생각을 듣는 것 그리고 그것을 그대로 흡수하는 주입식 교육에 너무나도 길들여졌다. 학교에서의 교육 방식 자체가 학생들에게 질문을 권장하는 분위기도 아니었을 뿐더러 누군가는 수업 내용과 무관한 질문을 했을 때 "그런 건 시험에 나오지 않는 거니까 중요하지 않아"라는 말을 듣고 자랐을 수도 있다. 또 부모님이든 선생님이든 그들의 명령 혹은 조언과 다른 의견을 제시하면 "어른이 말하는데 말대꾸하지 말고 그렇게 해"라는 말을 듣고 무기력함을 느꼈을 수도 있다.

그러다 보니 우리는 점점 '이런 말을 해도 되는 걸까?' 하며 눈치를 보게 되었고 원치 않는 타박을 들으니 그냥 조용히 있으면 중간이라도 갈 거라 보고 더 이상 생각하는 것을 멈추고 입을 다물게 된 것이다. 이런 수동적 길들여짐에 따른 부작용은 결코 사소한 일이 아니다. 많은 여성들이 나에게 털어놓는 고민인 "남 눈치 보며 긴장하는 태도를 없애고 싶어요", "자신감 있는 여자 이미지를 갖고 싶어요", "처음 보는 사람들과도 대화를 잘하고 싶어요"와 모두 연관된 내용이다.

그리고 이런 부작용은 남자와의 연애에서도 나타난다. "그 남자가 저를 계속 쫓았으면 좋겠어요. 어떻게 하면 저를 질려 하지 않고 매력적인 여자로 보일 수 있을까요?"라는 질문을 수도 없이 받았고 나 또한 이에 대한 해결방안을 찾기 위해 다양한 대답을 연구했지만 본질은 항상 간단했다.

자신만의 뚜렷한 생각을 갖고 살아가며 그것을 당당하게 표현하고 행동으로 옮길 수 있는, 그런 주체적인 여자가 되면 된다. 그렇게 내 세계가 재미있는 여자가 되면 남자는 저절로 당신의 세계에 발을 들여놓고 싶어할 것이다. 남자의 한 마디, 행동 하나마다 분석하며 '어떻게 하면 매력적으로 보일 수 있을까?'를 궁리하는 것보다 그냥 본인 자체가 매력적인 여자가 되는 게 훨씬 당신의 인생을 아낄 수 있는 길이란 것을 꼭 명심하자.

03

인지하고, 인정하고, 성취하라

✧ 　　컨설팅을 통해 만난 여성들의 상담 내용을 토대로 여성들의 욕망을 단계별로 분류할 수 있었다. 욕망력이란, 본인이 행복해지기 위해 필요한 것들을 얼마나 명확하게 원하고 있으며 그것을 갖추기 위해 계획에 따라 성실하게 이루고 있는지를 나타낼 수 있는 힘을 뜻한다. 욕망력의 분류 기준은 다음과 같다.

- 본인의 욕망을 인지하고 있는가?
- 인지한 욕망을 인정하고 있는가?
- 인정한 욕망을 건강하게 표출하고, 이루고자 노력하고 달성했는가?

다음으로, 인지한 욕망을 인정하는 부분에서 욕망을 다시 '욕망(사람으로서의 욕망)'과 '세속적 욕망(여자로서의 욕망)'으로 나누었다.

전자에 해당하는 욕망은 많은 사람들에게 인정받는 성공을 누리고 싶은 것, 더 많은 돈을 벌어 갖고 싶은 물건을 갖고, 살고 싶은 아파트에 사는 등 성별에 따른 차이가 크게 없는 욕망이라면, 후자에 해당하는 욕망은 아름다운 얼굴과 날씬한 몸매를 갖춰 매력을 뽐내는 것, 이러한 아름다움과 매력을 더한 것을 바탕으로 뛰어난 능력과 자상함을 갖춘 남성을 만나 행복한 관계를 지속하는 등 여성으로서 갖게 되는 욕망이 그 예가 될 수 있다.

욕망을 2가지로 나눈 이유는 일반적인 욕망을 갖는 것에 대해서는 사람들이 별 거리낌 없이 받아들이는 반면, 세속적인 욕망에 대해서는 비교적 터부시하는 태도를 보이는 것에 흥미로움을 느껴 이 차이를 분석해보고 싶었기 때문이다.

자세한 차이점은 단계에 따른 내용과 함께 설명했다. 각 단계에 따른 정의와 발생할 수 있는 문제점, 그리고 해결방안에 대해 알아보자.

1단계

: 욕망 인지 ✕, 욕망 인정 ✕, 세속적 욕망 인정 ✕, 욕망 표출 및 성취 ✕

내가 현재 무엇을 원하는지조차 모르는, 욕망력이 가장 낮은 단계이다. 얼핏 들으면 이해가 가지 않을 수 있다. 스스로 무엇을 원하는지를 모르겠다고? 놀랍게도 이러한 경우가 생각보다 많다. 욕망이 없는 사람은 없다. '아무런 욕심 없이 살아가고 싶다'라는 것도 이러한 태도로 살고 싶다는 욕망이 있는 것이다.

욕망을 인지하지 못하고 살아간다는 건 (조금 과격하게 표현하면) 생각 없이 살고 있는 것과 맥락이 비슷하다. 물론 욕망에 대한 인지 없이, 생각 없이 살아가는 것이 잘못되었다고 말하는 건 결코 아니다. 그럴 여유가 없을 수 있는 환경일 수도 있고, 열심히 살아가는 것에 싫증을 느낀 상황일 수도 있다.

다만 이 책의 주제인 '잘 사는 방법'에 관심 있는 독자라면 지금 당장 앞에 주어진 과제를 해결하는 것을 넘어 좀 더 적극적인 태도로 미래에 어떠한 삶을 살고 싶은지 바쁜 와중에서도 한 번쯤 생각하는 시간을 가졌으면 한다.

'나는 무엇을 원하는 걸까?'라는 건 '나는 어떤 사람인 걸까?'와 비슷한 맥락의 질문이므로 결코 답을 내기가 쉽지 않다. 머리 아프게 생각해내는 과정인 만큼이나 많은 사람들이 생각하기를 포기했을 수도 있다. 앞으로 어떻게 살고 싶은지를 깊게 생각하고 계획하지 않으면, 당신이 더욱 크게 발휘할 수 있는 잠재력은 그대로 썩어 없어지고 말 것이다. 더 잘 살 수 있는 기회와 역량이 충분한데 살아지는 대로 살면 남은 인생이 아깝지 않을까? 욕망을 인지하는 방법에 대해서는 다음 챕터에서 자세히 다루었으니 이 단계에 해당한다면 꼼꼼히 읽어보자.

2단계

: **욕망 인지** ○, 욕망 인정 ×, 세속적 욕망 인정 ×, 욕망 표출 및 성취 ×

'더 잘 살기 위해 욕심을 부리는 것은 이기적인 것이니까 욕심 부리면 안 돼', '나보다 남을 위해 배려하며 착하게 살아야 해'와 같이 내가 원하는 것보다 타인과 세상이 나를 어떻게 보는지에 집중하는 유형에 속한다.

이 단계의 가장 큰 문제는 '자신이 더 행복해지길 원하는 마음이 남을 불편하게 할 수 있다'라는 잘못된 생각을 하는 것이다. 이 죄책감은 인생을 더 나은 방향으로 나아가는 데 있어 장애물이 된다. 나보다 남의 행복이 중요하므로 항상 타인의 기분을 살피게 되어 눈치 보는 사람이 되는 것도 문제점이 될 수 있다.

이에 대한 해결방안은 우선 욕망 자체가 부정적이라는 인식을 버리는 것이다. 자신의 삶을 건강하게 만들어주는 긍정적 욕망에 대한 개념을 익히고, 본인이 느끼는 감정이 결코 잘못된 것이 아니라는 생각을 갖는 것이다. 타인에게 피해를 주지 않고 세상에 악영향을 끼치는 행위가 아니라면 내가 나를 위해 노력하겠다는 것을 누가 뭐라고 하겠는가? 내 인생을 더 잘 살고 싶어 하는 욕심은 누구나 갖고 있는 자연스러운 본능과 같은 것이다. 그러한 욕심을 느낀다는 것 자체가 스스로를 사랑한다는 반증 아닐까? 그러니 더 잘 살고 싶은 그대, 안심해도 된다.

3단계

: 욕망 인지 ○, 욕망 인정 ○, 세속적 욕망 인정 ✕, 욕망 표출 및 성취 ✕

본인이 '행복해지고 싶다, 더 잘 살고 싶다'라는 걸 의식하고 있지만 그 욕망 중 일부가 '세속적인 것'이라는 점 때문에 자기 자신을 검열하는 단계에 속한다. 여기서 말하는 세속적인 것이란 더 예쁜 여자가 되고 싶다는 욕심을 갖는 것, 더 멋지고 능력좋은 연인 또는 배우자를 만나고자 노력하는 것이다.

궁금증이 들었다. 건강해지고 싶어 비타민제를 챙겨 먹고 꾸준히 요가를 수련하는 것은 자기관리를 잘한다고 하면서, 주기적으로 피부과 시술을 받고 각종 뷰티팁 정보를 수집하여 미용에 활용하는 모습은 '기를 쓰고 예뻐지려 하네'와 같이 반응하거나 '그 시간에 책이라도 한 장 더 읽지' 하면서 왜 얕잡아 보는 것일까?

명문대에 가면 자신의 꿈을 이룰 수 있는 확률이 높아지고, 수준 높은 사람들과 인맥을 쌓을 수 있는 기회를 얻을 수 있다. 명문대 출신이라는 타이틀은 재능과 능력면에서 긍정적인 평가 요소가 된다는 점 외에도 얻을 수 있는 혜택이 많다. 그래서 많은 사람들은 명문대에 가기 위해 노력한다. 그러나 능력이 좋은 배우자(좋은 학벌, 직장 및 높은 연봉과 같이 뛰어난 사회적 지위와 경제력 등)를 만나기 위해 그들을 만날 수 있는 장소를 찾아다니고, 그들이 자신의 매력에 빠질 수 있도록 전반적인 영역에서 다양한 매력요소를 발전시키는 것은 여우 같은 짓이라며 폄하한다.

혹자는 이렇게 말할 수 있다.

"명문대에 진학하는 것은 본인이 일군 노력의 결과지만, 능력 좋은 배우자를 만나 더 나은 삶을 살고자 하는 자세는 남의 덕을 보려는 약은 꼼수 아닌가?"

그러면 이렇게 생각해보는 것은 어떨까? 명문대에 진학하기 위해 노력했고 대학에서 원하는 조건을 만족시켜 입학이 가능했던 것처럼, 능력 좋은 배우자를 만나기 위해서도 엄연한 전략과 노력이 필요하고 상대방이 그/그녀와 함께 있으면 행복하기에

(자신의 욕망이 충족되기에) 그 만남이 시작되고 지속될 수 있는 것이다. 결코 남의 덕이 아니라는 것이다.

이때 흥미로운 현상 한 가지가 있다. 방금 말한 배우자의 조건을 '능력 좋은'이 아닌 '나를 진정으로 사랑해주는'으로 바꾸면, 배우자를 만나기 위해 노력하는 것을 속물이 아니라고 본다는 점이다. 능력 좋은 배우자를 만나길 욕망하는 것은 지나치게 현실적 또는 세속적인 것이고, 나를 진정으로 사랑해주는(또는 이와 비슷한 맥락인 바른 인성, 착한 마음씨 등) 배우자를 원하는 것은 순수한 것인가? 세속적인 것과 순수한 것의 차이는 무엇이란 말인가?

이 단계에서 어려움을 지니고 있는 사람에게 새로운 개념을 제시하고 싶다. 2가지 조건이 있다면 이 조건은 반드시 대립되는 성격이 아니라 함께 공존할 수 있다는 것이다. 즉, 세속적인 것(현실적인 가치)과 순수한 것(정신적인 가치)은 함께 갈 수 있다. 외모 꾸미기에 신경을 쓰는 여성이라고 해서 교양과 소양 쌓기에 게으를 것이며 깊은 인생철학이 없을 것이라고 단정 지을 수 없고, 어떤 여성이 만나는 남성의 조건이 뛰어나다고 해서 그 남자의 인성이 나쁘거나 그 여성을 진정으로 사랑하지 않는다고 판단하는 건 어리석은 일이다.

단 한 번이라도 이 두 가치를 이분법적으로 생각한 적이 있다면 그 이유에 대해 생각해보자. 본인의 세속적 욕망에 솔직해질 수 있는 기회가 될 것이다. 만약 계속해서 세속적인 욕망을 부정하거나 두 가치를 함께 지닐 수 없는 배타적인 성격으로 바라보면 '나는 이제 순수함을 잃고 현실의 때가 묻은 것인가?' 하면서 세속적 욕망을 느끼는 자신에게 죄의식을 느낄 수 있다. 또한 더행복하고 편안한 삶을 살 수 있는 기회가 주어짐에도 오히려 그런 상황을 불편하게 여겨 스스로가 자처해 덜 행복하고 덜 편안한 삶을 살 수 있다. 이러한 공포스러운 결말이 당신에게 일어나지 않길 바라는 마음이다.

4단계

: 욕망 인지 ○, 욕망 인정 ○, 세속적 욕망 인정 ○, 욕망 표출 및 성취 ×

스스로가 지닌 모든 욕망에 대해서 인정하지만 타인의 욕망을 인정하기 어렵거나, 욕망에 관련해 비슷한 주제의 이야기가 나왔을 때 본인의 의견을 솔직하게 표현하지 못하고 부정하는 상태의 단계에 속한다. 이 단계에서 나타날 수 있는 문제점은 크게 2가지다.

첫째, 타인의 욕망과 성취에 불편함을 느끼게 된다.

A는 요즘 이상하게 기분이 좋지 않다. 자신의 절친인 B를 만나고 오면 묘한 자격지심이 들기 때문이다. B는 몇 달 전 남자친구와의 이별로 인해 시름시름 앓더니 어떠한 결심이 들었는지 "보란 듯이 더 잘 살 거야. 더 예뻐지고 더 좋은 남자 만나서 행복할 거야"라고 말하며 달라지기 시작했다. 3개월 간 볼륨감을 위한 웨이트 운동과 철저한 식단관리를 통해 모든 여성들이 워너비로 삼을 만한 몸매가 되었고, 함께 길을 지나갈 때마다 남자들이 흘끗거릴 만큼 외모 또한 예뻐졌다. 게다가 이전에 만나던 남자친구보다 다정하고 조건도 좋은 새로운 남자친구에게 공주처럼 대접받는 연애를 하고 있으니 왠지 모르게 B의 더 잘 살고자 하는 욕망이 불편하게 느껴졌다.

도대체 그 감정의 원인은 무엇일까? 자신은 그만큼 이룰 수 없을 수도 있다는 불안감 때문일까? 또 B와 같은 욕망을 가지고 있지만 그만한 노력을 하지 않기에 마치 B의 결과를 인정하면 자신의 노력이 부족하다는 것을 인정할 수밖에 없기 때문일까? 만약 최선을 다해 노력하고 있다면 오히려 B의 결과가 긍정적인 동기 부여가 될 수도 있었을까?

이런 상황에서의 해결책으로 자신의 불편한 감정의 원인을 타인의 욕망과 그를 이루려는 노력하는 자세가 아닌 본인의 태도에서 찾아보는 것을 권해보고 싶다. 타인의 욕망을 비난한다면 일시적으로는 불편한 감정을 배출할 수 있겠지만, 결론적으로는 본인의 수준이 나아지는 것은 없기에 더 멀리 봄으로써 타인의 욕망과 성취를 인정하고, 본인의 노력을 통제하여 나 또한 인생을 업그레이드하는 것을 추천한다.

둘째, 남들 앞에서는 본인의 욕망을 부정하게 된다.

예쁘고 똑똑하고 심지어 성격까지 좋은, 그래서 남성에게 인기도 많은 소위 말해 '잘난 여성'들이 이따금씩 본인 수준에 맞지 않는 행동을 할 때가 있다. 명문대를 졸업하고 전문직으로 커리어를 쌓아 나가고 있는 30세 C가 찾아와 오랜 고민을 털어놓았다.

"제 첫인상 및 분위기와 실제 성격이 너무 달라서 고민이에요. 사람들은 제 화려한 외모를 보고 도도하고 까칠할 것 같다는 선입견을 갖고 저를 어렵게 대하거든요. 사실 여기까지라면 이 부분은 큰 고민이 되지 않는데 정말 문제는 제가 저 스스로를 낮추는 행동이 습관이 되었다는 거예요. 그래서 시간이 지나면 저를 어려워했던 사람들이 어느 순간부터는 저를 만만하게 대하고 있더라고요. 저는 대체 왜 이미지와 어울리지도 않는 행동을 하는 것일까요? 그렇게 하고 싶지 않은데 그런 행동이 저도 모르게 툭툭 튀어나오고 집으로 돌아와서는 후회하곤 해요."

이 원인을 분석하기 위해서 나는 그녀들의 어린 시절 이야기를 들려달라고 했다. 이러한 고민을 갖고 있는 여성들이 대부분 공통적으로 경험한 것은 주변 사람들의 시기와 질투였다. 이로 인한 괴롭힘과 피곤함을 피하고자 '학생이라면 더 좋은 성적을 받고 싶고, 직장인이라면 더 좋은 성과를 내고 싶은, 여자라면 외모를 가꾸어서 멋진 이성에게 구애를 받고 싶은' 등의 자신의 욕망을 부정적으로 표현할 수밖에 없었던 것이다.

"아니야. 나는 꾸미는 거에 별로 관심 없어. 남자도 별로 안 좋아해"라고 말하고 욕심이 없는 듯이 행동하면 주변의 견제가 수그러들었다고 하였다. 그러나 안타깝게도 그와 비례해서 그녀의 매력 또한 줄어들게 된 것이다.

너무 슬프지 않은가? 자신이 속한 무리에서 비난의 대상이 되지 않은 채로 살아남기 위해 더 잘 살고 싶은 마음이 있어도 그 욕망을 부정하는 척하며 행동하는 것이!

이때 최선의 방법은 당연히 그 집단에서 빠져나오는 것이다. 물리적으로 당장 어려울 수 있더라도 당신이 잘못된 것이 아니라는 믿음을 스스로 갖고, 그렇게 말해줄 수 있는 집단에 들어가 위로 받아야 한다. 그렇다면 왜 주변인들은 C를 깎아내리려고 하는 것일까? 그 이유는 바로 앞서 설명한 '첫째, 타인의 욕망에 불편함을 느끼게 된다'에서 찾을 수 있다. 이 책을 통해 나의 욕

54

망을 인정하는 걸 넘어서 타인의 욕망까지 지지해줄 수 있는, 그로 인해 우리 모두가 윈윈win-win할 수 있는 사회적 분위기로 바뀌는 날이 오기를 희망한다.

5단계
: 욕망 인지 ○, 욕망 인정 ○, 세속적 욕망 인정 ○, 욕망 표출 및 성취 ○

가장 건강한 단계에 해당한다. 자신이 무엇을 원하고 있는지, 어떠한 인생을 개척해나가고 싶은지에 대한 생각이 뚜렷하고 그에 관한 메타인지 능력도 갖춘 상태이다. 누군가에게 피해를 주지 않는 선에서 원하는 것을 욕망하는 것은 잘못된 것이 아닌 건강한 태도라는 것을 스스로가 인정하고 있으며, 아직까지 사회적인 시선에서 터부시 될 수도 있는 세속적 욕망에 대해서도 자신만의 근거 있는 논리로 당당한 태도를 지니고 있다. 마지막으로 자신의 욕망을 건강하게 이루기 위해 노력하면서 자신을 더욱 사랑하게 되고, 계속해서 새로운 목표를 세울 수 있게 된다.

만약 당신이 5단계에 해당된다고 해서 "저는 욕망이 가득한 사람이고, 여태 이러한 욕망을 이뤄냈답니다"라고 밝혔을 때 명확한 이득이 없다면 굳이 밝힐 필요는 없다. 그러나 내가 욕망하는 것을 누군가가 지목했을 때 '그렇다'고 솔직하게 표현할 용기를 내보자. 내 생각을 부정하는 것은 곧 나를 부정하는 것과도 동일하므로 당신의 욕망을 부정하지 말기를 바란다.

04

욕망을 가장 빨리 파악하는 방법
4가지

✧   '욕망'이라는 단어를 즐겨 사용하는 나에게 친구 몇몇은 말한다. 꼭 욕망이라는 표현을 사용해야겠냐고. '목표', '동기' 하다못해 '욕심'이라고 단어의 수위를 낮춰주면 안 되겠냐고. 이러한 인식 하나만으로도 우리나라에서 보통의 사람들이 인간의 욕망을 어떻게 바라보는지 알 수 있다. 나아가 젊은 여자가 이러한 단어를 서슴지 않고 사용한다는 것에 혹자는 불편함을 느끼겠지만, 사람들이 왜 불편한 감정을 느끼는지를 설명하고 싶은 '욕망'을 위해서라도 앞으로도 꿋꿋이 사용하도록 하겠다.

주체적인 욕망 실현을 외치는 나에게 많은 여성들이 묻는다.

"그래요, 신녀성님이 강조하는 욕망의 중요성은 이제 확실히 알겠어요. 하지만 정작 가장 중요한 내 욕망이 무엇인지는 어떻게 알 수 있죠?"

사실 자신의 욕망이 무엇인지를 모른다는 것은 꽤 심각한 문제가 아닐 수 없다. 내 자신이 모른다면 대체 누가 알 수 있단 말인가? 이 문제의 원인은 둘 중 하나다. 경험의 한계와 성찰 부족으로 인해 욕망을 인지하지 못하고 있거나, 욕망은 있지만 인정하고 싶지 않아서 혹은 인정하면 안 될 것만 같은 압박감에 억눌리고 있거나. 아, 한 가지 더 추가한다. 속세의 번뇌로부터 벗어나 아무런 흔들림이 없는 상태이거나. 그러나 이 책을 읽고 있는 당신이라면 마지막에 해당하는 사람은 아닐 테니 이 부분은 생략하도록 하겠다.

자신의 욕망을 파악하는 방법을 말하기 이전에 왜 본인의 욕망을 파악해야 하는지 이유부터 알아보자. 이유는 간단하다. 그래야 당신의 인생이 행복해지기 때문이다.

행복한 인생이란 매 순간 만족감을 느끼는 인생이다. 이때 만족감을 극대화시키기 위해서는 내가 '어떤 상황'에서 '무엇'이 '어떻게' 충족되었을 때 가장 쾌락을 느끼는지 알아야 한다. 인생의 '매 순간'은 무언가를 선택하는데 요구되는 결정 및 판단의 순간과 나 홀로 또는 누군가와 함께하는 여가시간을 즐기는 순간들로 이루어져 있다. 다음 질문에 답해보자.

- 현재 당신이 선택한 진로(전공 및 직업)가 마음에 드는가? 대답에 따른 이유는 무엇인가?
- 앞으로 만나고 싶은 남자의 조건 3가지를 망설이지 않고 말할 수 있는가?
- 혼자 있을 때 에너지를 100% 충전할 수 있는 나만의 힐링 노하우를 구체적으로 묘사할 수 있는가?

이러한 질문에 가능한 자세하게 답변할 수 있는 사람이 바로 자신의 욕망을 잘 알고 있는 사람이다. '욕망'이란 단어에 비해 세속적인 내용이 아니라서 실망했다면 걱정 마라. 이 책은 이제 시작에 불과하다.

지금부터는 본인의 욕망을 파악하는 방법에 대해 알아보자.

1단계. 자기소개서 작성해보기

2단계. 현재보다 높은 삶의 수준 경험해보기

3단계. 내 마음을 불편하게 만드는 것 분석해보기

4단계. 다양한 형태의 연애해보기

당신이 원하는 것이 무엇인지 알아보는 방법을 총 4단계로 나누어 보았다. 낮은 단계에서 욕망을 파악할 수 있다면 비교적 자신에 대해서 잘 알고 있을 확률이 높다. 반대로 말하면 자신이 무엇을 원하는지 생각해본 적이 없고 오래 욕망을 억눌러 왔을 수록 높은 단계에서 본인의 욕망을 발견할 수 있을 것이다. 본인의 단계는 어디에 해당하는지 알아보자.

1단계. 자기소개서 작성해보기

동일한 이력서 양식 2장을 준비해 책상 위에 나란히 올려놓자. 왼쪽에는 현재 나의 상태를 있는 그대로 적는다. 이름, 나이, 주소, 학교, 전공과 같이 쉽게 바꾸기 어려운 것부터 과거 아르바이트 경력, 인턴 경험, 자격증, 공인 점수까지 여태 경험한 것들을 적으면 된다. 그리고 한 발 물러서서 마치 다른 사람의 이력서인 것처럼 바라보자. 당신의 이름 아래 적힌 조건들 중에서 마음에 들지 않는 것들이 있을 것이다.

'뭐? 이 나이가 되었는데 이것밖에 해내지 못했다고?'

'부지런히 살았다고 생각했는데 아직 도전해보지 못한 일들이 많이 남아 있네.'

당신에게 좌절감을 안기기 위해 이 방법을 권한 것이 아니니 조금 더 읽어보자. 이번에는 오른편에 있는 미래의 이력서를 채워 나가보자.

그리고 꿈꾸는 인생을 살고 있는 나를 상상하며 자기소개서를 적어보자. 어떤 일을 하고 있는지부터 훗날 살고 싶은 집의 주소까지!

나 역시 이 방법으로 나의 욕망을 알아가는데 효과를 보았다. 대학 시절, 날씨 좋은 날이면 가끔 집에서 학교까지 자전거로 통학을 하였는데 가는 길목 신호대기를 기다리는 곳에 눈에 띄는 오피스텔이 있었다. 그곳을 보면서 항상 생각했다.

'대학을 졸업하고 20대 후반이 되면 부모님으로부터 독립해서 저곳에서 혼자 살 거야. 아침마다 바로 앞 한강에서 조깅을 하고, 저녁에는 이태원으로 놀러가 다양한 문화를 접하고 와야지. 자기 전에는 한강뷰를 바라보며 글을 쓸 거야.'

매일 같이 이런 상상을 하면서 자세한 행동목표들까지 이력서에 상세하게 적어나갔다. 미래의 주소 또한 그 오피스텔 주소로 말이다. 그 희망으로부터 오는 에너지로 활기차게 살아갈 수 있었고 상상한 것을 그대로 이룰 수 있었다. 의식적으로 원하는 당신의 미래를 매일 적어보자. 그런 말이 있지 않은가? 바라는 것을 말할 수 있다는 것 자체가 이룰 수 있다는 것이라고.

2단계. 현재보다 높은 수준 경험해보기

견물생심見物生心. '물건을 보면 그것을 갖고 싶은 마음이 생긴다'는 뜻의 한자성어다. 이 뜻에 착안해서 주장하고 싶은 바는 다음과 같다.

'가능한 선에서 최고의 것을 경험해보자. 그리고 당신의 마음을 움직인 것이 있다면 그것을 욕망으로 삼아보자.'

유튜브 영상 중에서 큰 이슈가 된 나의 대사가 있다.

"커피 한잔을 마시더라도 청담동 가서 마시세요."

비판적인 댓글들의 공통점은 '쓸데없는 허세 부리지 말고 분수에 맞게 살라'는 것이었다. 옳다, 자신의 형편에 맞지 않는 소비로 과한 사치를 부리는 것은 현명하지 않은 일이다. 그러나 당장은 과한 것처럼 보이는 그 소비로 자신의 인생을 대하는 평생의 태도를 바꿀 수 있다면 그때에도 15,000원의 커피값을 사치라고 말할 수 있을까? 내가 말하고 싶은 것이 '비싼 값을 지불해야 하는 장소에서 커피를 마시는 일'만을 의미하는게 아니란 건 이 글을 읽는 수준의 독자라면 알 것이다.

평소에 익숙함을 느끼는 곳과는 다르게 그 장소에서만 느껴지는 고급스러움, 그곳의 분위기와 서비스가 익숙한 사람들의 애티튜드. 그리하여 이런 곳을 편하게 올 수 있을 정도의 수준(단순히 커피값을 지불할 수 있는 경제력만을 뜻하는 것이 아닌 그곳에서의 취향과 태도도 포함)이 되는 삶을 살고 싶다는 '새로운 욕망'을 몸소 느껴보라는 것이 내용의 핵심이었다.

청담동 커피숍은 하나의 상징적 예시였을 뿐이기에 반드시 그곳이 아니어도 현재 자신의 수준에서 쉽게 갈 수 없는 분위기와 가격대의 카페를 가보라는 조언을 했고, 이를 곧장 실천한 여성들이 꽤나 많았다. 그중 내가 추천한 남산에 위치한 한 호텔라운지에 다녀왔다며 기억에 남는 후기를 들려준 D의 경험담이기억에 남는다.

"솔직히 처음에는 반신반의했어요. 딱 한번 그런 곳을 가본다고 한들 내 인생에서 무엇이 달라질 수 있을까 하고 말이죠. 그런데 그 의심은 쓸데없는 것이었다는 것을 바로 알게 되었죠.

라운지에 입장한 순간부터 그 분위기가 어색하게 느껴지고, 주변 테이블에 앉아 있는 저와는 뭔가 다른 듯한 여성들의 아우라에 조금은 주눅 들었던 게 사실이었어요. 절제된 친절함으로 다가오는 직원에게 어떻게 응대하는 것이 좋을지 몰라 당황한 표정과 말투로 주문을 하고, 제가 손님임에도 불구하고 오히려 더 직원을 손님처럼 지나치게 친절한 태도로 대하자 그분은 약간 의아해하시는 것처럼 보였어요.

혼자 동네 카페에 갈 때에는 전혀 의식하지 못한 것들도 의식되기 시작하더라고요. 평상시라면 구부정하게 앉아 손바닥으로 턱을 괸 상태로 한 손으로는 빨대를 잡아 아이스 아메리카노를 마시고, 다른 한 손으로는 스마트폰으로 웹서핑을 할 텐데 신기하게 그곳에서는 달라지더라고요.

꼿꼿하게 등을 펴고 다리는 가지런히 모은 상태에서 팔꿈치가 함께 따라 올라가지 않게 살며시 커피잔을 들어 부드러운 표정으로 뜨거운 커피를 천천히 마셔야 할 것만 같았죠. 제 옆자리에 앉아 있는 그녀들처럼요."

나는 그녀에게 옆자리의 그녀들은 본인과 무언가가 다른 것처럼 느껴졌는지를 물었다. 그녀는 목소리를 한 톤 높여 이야기를 이어나갔다.

"한마디로 관리가 잘된 여자들 같았어요. 깨끗한 피부에 윤기나는 머릿결 그리고 군살 없이 정돈된 몸매. 뭐랄까… 그냥 그호텔 분위기에 잘 어울렸어요. 고상하면서도 세련된 말투와 몸짓, 옷차림 등 모든 것들이요. 그녀들의 모습에 그날부로 저는 다이어트를 하기 시작했고요."

솔직한 답변을 해준 그녀에게 마지막으로 질문을 던졌다. 약 1시간 정도 그곳에서의 경험 중 어떤 게 가장 인상 깊었는지를. 약간은 쑥스러운 듯한 표정으로 말을 할지 말지 망설이던 그녀가 꺼낸 답변은 바로 택시를 타고 호텔 정문에 도착했을 때 그곳 직원이 택시 뒷좌석의 문을 열어준 것이라고 했다.

"그런 경험은 처음이었거든요. 차에서 내릴 때 누군가가 문을 열어주는 경험이요. 많은 걸 느꼈죠. '이런 서비스에는 어떤 태도를 보여야 자연스러울까?', '이런 대접을 익숙하게 받으면서 살아가는 부자들은 도대체 어떤 사람들일까?', '원할 때마다 이런 곳을 아무 고민 없이 편하게 올 수 있을 정도로 인생을 살고 싶은데 그러기 위해서 나는 지금부터 무엇을 준비해야 할까?'"

이어서 그녀는 그날 이후로 "자신의 미래가 기대된다"는 말로 이야기를 마무리했다.

누군가는 이렇게 말할 수 있다. 고작 일상적인 경험 하나에 무슨 거창한 의미를 부여하냐며 말이다. 글쎄, 내가 이 순간을 어떻게 의미 부여하느냐에 따라 달라지는 게 인생의 즐거움 아닐까? 그렇기에 매일 똑같은 일상이 아닌 새로운 곳에서 깨달음을 얻고자 처음 보는 사람과 대화를 나누고, 가보지 않은 곳으로 여행을 가는 것일 테니까.

앞서 내가 말한 예시인 청담동 카페 및 호텔 라운지가 아니더라도 당신이 가기 어려웠던 곳을 일단 가보자. 돈이 줄 수 있는 호화로움을 체험하는 것을 넘어서서 그곳의 분위기에 흡수되어 보고 그곳에 머무는 사람들을 관찰하여 얻을 수 있는 것을 모두 얻어보자. 당신이 더욱 고급스러워질 수 있는 방법이라면 모든 것을.

3단계. 내 마음을 불편하게 만드는 것 분석해보기

앞 챕터 '03. 인지하고, 인정하고, 성취하라'의 4단계 첫째의 내용과 이어진다. 타인이 나타내는 욕망 혹은 그가 이미 이룬 것에 대해서 부정적인 감정을 느끼는 이유를 찾아보자. 부정적인 감정보다 긍정적인 감정은 알아차리기 쉽다. 어떤 사람이 노력으로 이룬 성취에 대해서 '멋지다, 나도 저렇게 이뤄내보고 싶다'는 것은 자신의 욕망이 그대로 반영되어 있으므로 바로 인식이 가능하기 때문이다. 이런 욕망이라면 아마 1단계 혹은 2단계에서 드러났을 수 있다.

그러나 타당한 근거나 논리 없이 타인의 행동이 곱게 보이지 않는다면 용기를 내 자신의 감정을 직면해보자. 열에 아홉은 당신 또한 바라고 있는 욕망일 수도 있다.

보통의 유튜버나 블로거처럼 나의 의견에 악성 댓글이 달리는 경우가 있다. 한번은 그 정도가 지나쳐 법적 절차를 진행하였고 그 과정에서 가해자와 대화를 나눈 적이 있다. 가해자가 남긴 댓글은 나의 욕망 및 성취에 대한 비난이었고, 재미있게도 대부분 '레미장센 컨설팅 사업으로 돈을 많이 버는 것(처럼 보이는 것), 예뻐지기 위한 노력, 멋진 이성을 만나고 싶은 마음을 숨기지 않는 것'과 같이 세속적인 욕망에 관한 것이었다.

나는 그녀에게 물었다.

"저보다 돈이 많아 백화점에서 명품 쇼핑 후 인증샷을 올리는 사람들은 SNS에 넘쳐나는걸요? 저보다 어리고 예쁜 여자는 수도 없이 많고요. 근사한 남자를 만나고 싶어 하는 건 저만 원하는 게 아니지 않나요?"

이에 대한 답변을 상대방은 솔직히 말해주었다.

"그런 욕망을 당당하게 말할 수 있는 용기와 태도가 부러웠어요. 게다가 그걸 하나둘씩 이루어가는 과정도 시샘이 났고요. 전 그런 욕망을 20대에 갖지 못해서 아니, 주변 눈치 보느라 인정하지 못해서 제 인생을 살지 못했거든요. 저도 조금 더 일찍 인정하고 노력했더라면 꿈꾸던 삶에 조금 더 가까워졌을 텐데 말이죠. 그렇게 노력해서 원하는 인생을 살아가는 사람을 보면 제가 열심히 살지 않은 것만 같은 기분이 들어 그 사람을 부정해왔어요. 어떻게든 아래로 끌어내리면 제가 위로 오르지 못했다는 사실을 합리화할 수 있었거든요."

그 사람은 사실 돈과 아름다움, 멋진 이성을 욕망한 것이 아니다. 자신의 욕망을 욕망한 것이다. '자신감과 노력으로 발전하는 삶'을 원했던 것이었다. 이는 하나의 예시일뿐 이 글을 읽는 당신 그리고 나 또한 살아가는 도중 어디에선가 분명 불편한 감정을 느꼈을 것이다. 그것은 어쩌면 '열등감'이라고 불리는 감정일 수도 있지만 괜찮다. 열등감은 인간이라면 누구나 느낄 수 있는 감정이고, 건강한 방향으로만 활용한다면 더 잘 살고 싶다는 긍정적 자극제로 쓰일 수 있으니까 말이다. 그러니 어디선가 불편함을 느꼈다면 외면하지 말자. 당신의 인생을 업그레이드할 수 있는 기회이므로 꼭 붙잡길 바란다.

4단계. 다양한 형태의 연애해보기

친한 동창 무리 중에 연애에 유별난 친구 A가 있었다. 남자친구를 사귀어 만남을 시작하는 데에는 문제가 없는데 연애를 지속해 나가는 것이 순탄치 않아 보통은 6~8개월, 아무리 길어도 교제 기간 1년을 넘기지 못하는 것이다.

어느 날, 우리는 치킨과 맥주를 앞에 두고 수다를 떨며 각자의 연애 근황을 털어놓고 있었다. 1년에 두세 번의 동창 모임 주기마다 항상 남자친구가 바뀌는 A에게 우리는 걱정스러운 표정으로 물었다.

"한두 번이면 모를까. 이번이 대체 몇 번째인 거야? 이런 게 반복되는 거면 상대 남자에게 문제가 있는 게 아니고 너에게 문제가 있는 거 아냐?"

그녀는 맥주 한잔을 들이킨 뒤 피식 웃음을 지으며 대답했다.

"너희 정말 웃겨. 내가 어떤 문제가 있는데? 사귀다가 마음에 들지 않는 부분이 보이기 시작했는데 그걸 참고 계속 만나는 게 더 문제 아냐?"

A의 말이 틀린 건 아니었다. 그러나 한번 누군가를 사귀기 시작하면 아주 심각한 결함이 없지 않는 이상 쭉 관계를 이어나가는 게 당연하다고 생각하는 A의 친구들은 그녀의 가치관을 완전히 이해하긴 어려웠다.

그렇게 몇 년이 지난 뒤 A는 모임에서 불쑥 청첩장을 내밀며 말했다.

"나 올 봄에 결혼해. 진작에 말하지 못해서 미안해. 그런데 남자친구가 자주 바뀌는 나를 너희들이 이해하기 어려워한 만큼 확실하게 결혼이 결정된 다음에 말하는 게 나을 것 같았어."

그 옆에 친구 B가 축하하는 표정으로 말했다.

"어머, 웬일이야. 너가 언제 한 남자와 오래 만나나 했는데 드디어 결혼하는구나? 그래, 이번 남자친구에게는 마음에 들지 않는 부분이 보이지 않았어?"

그녀는 살짝 입술을 앙다문 채 대답했다.

"아니, 마음에 들지 않는 부분이 보였지. 웃기게도 제일 처음 사귀었던 남자친구와 헤어진 이유였던 그 단점을 이 사람도 갖고 있더라고. 그런데 그 부분이 누군가와 만날 때 내가 가장 감당할 수 있는 단점이었던 거 있지? 그 사실을 그 뒤에 다양한 사람들을 만나고 보니까 깨달았어. 물론 내가 가장 원하는 조건이 무엇인지도 이런 식으로 깨달았고."

남자 보는 안목이 여간 까다로웠던 게 아닌 그녀의 생각이 궁금한 B는 계속 물었다.

"너가 결혼을 할 때 가장 중요하게 여기는 조건이 뭔지 어떻게 알았는데?"

A는 대답했다.

"마음에 안 드는 부분이 보이면 대화를 통해 충분히 노력해보되 끝내 극복되지 않으면 헤어졌고, 애초에 그 마음에 안 드는 부분에 대한 허용 기준을 높게 잡았던 태도로 알 수 있었어. 나는 결혼을 잘하고 싶었거든. 적당히 타협하고 싶지 않아서 시간적 여유가 많은 20대 초반부터 남자의 어떤 면을 가장 중시하는지 조건별로 따져가면서 만났어. 그것이 곧 성공적인 결혼 생활에 가장 중요한 요소가 될 테니까."

이 말을 들은 또 다른 친구 C가 끼어들었다.

"조건을 따지면서 만났다고? 너무 계산적인 거 아냐?"

A는 미소를 지으며 말을 이어나갔다.

"물론 그 사람에 대한 애정과 신뢰를 바탕으로 만남을 시작한 건 당연해. 그렇지만 내가 믿어온 배우자 선호조건 1순위가 실제랑 다를 수도 있잖아. 예를 들어볼까? '외모와 경제력을 떠나서 나는 무조건 함께 있을 때 재미있는 사람이면 돼'라고 생각해서 유머러스한 사람을 만났는데 경제적 능력이 부족해 현실적으로 미래를 꿈꾸기 어렵다는 걸 깨달은 거지. 경제적 능력을 최우선순위로 두고 새로운 만남을 시작했는데 아무리 돈을 잘 버는 사람이어도 이성적인 매력이 느껴지지 않는 사람과는 평생을 함께할 자신이 없다는 걸 깨달았고.

이렇게 계속해서 진짜 내 욕망이 무엇인지를 다양한 연애 경험과 성찰 속에서 찾아보는 거야."

결혼 이후 더 만족스러운 삶을 살고 있는 그녀를 보니 그녀의 행복은 분명 일찍이 본인이 가장 원하는 것이 무엇인지를 알기 위해 다양한 연애를 경험하며 노력한 것에 대한 보상일 거란 확신이 들었다.

그녀의 이야기에서 연애를 다른 경험으로 치환해도 비슷한 방식으로 당신의 욕망을 알아갈 수 있을 것이다. 그 경험이 수십 번의 아르바이트 경험으로 자신의 적성을 찾아내 만족스런 직업을 결정하는 것이든, 방학 때마다 전국팔도 기차여행을 다니며 본인이 가장 휴식을 취할 수 있는 도시를 발견해 힐링을 즐기고 오는 것이든 말이다.

05

착하게 보이고 싶은 마음 VS
욕망대로 살고 싶은 마음

✧　　　내 욕망을 뒤로한 채 남에게 착하게 보이고 싶은 마음
이 생길 때, 그래서 나중에 또 후회할 것 같을 때마다 다음 내
용을 떠올리자.

**1. 당신이 어떠한 행동을 했을 때 그 결과에 기분이 좋을 것
같으면 착해도 된다.**

착한 척도 괜찮다. 당신을 만족시키는 그 결과가 그 행위를 함
으로써 스스로 뿌듯함을 느끼는 것이든 당신을 착한 사람이라고
봐주는 타인의 평가이든 간에 당신을 행복하게 만드는 것이라면
말이다. 우리는 우리의 행복을 위해 살아가는 것이니까.

2. 원하는 것이 무엇인지 선택하고, 나머지 부분에 대해서는 미련 없이 포기하자.

나를 착하게 봐주는 것이 더욱 중요한가? 그러면 당신이 원하는 것을 억누르거나 희생하자. 본인이 원하는 것을 쟁취하는 것이 더욱 중요한가? 그렇다면 당신의 주장으로 인해 타인이 당신을 착한 사람이라고 생각하지 않을 수도, 어쩌면 당신을 미워할 수도 있는 것을 감수하자.

이때 이런 궁금함이 생길 수 있다. "신녀성님은 '이것 아니면 저것'과 같은 이분법적인 논리 싫어하시잖아요. 제3의 대안은 없는 걸까요?" 당연히 있다. 마냥 착한 사람이 되지 않는 것이지만 그렇다고 마냥 못된 사람이 되지 않을 수 있는 방법이 있다.

3. 내가 원하는 것을 주장한다고 해서 착하지 않은 것이 아니다.

착하지 않은 것이라고 해서 나쁜 것도 아니다. 나를 착하게 볼 것인지 말 것인지는 상대방이 느끼고 판단해야 할 문제이다. 기억하자. 우리의 목표는 상대방에게 착하게 보여 예쁨받는 것이 아닌 원하는 것을 쟁취하는 효율적인 방법을 알아내는 것이고, 그 과정에서 내 마음이 편한 것이다.

여기서 한 가지 질문! 상대가 나를 착하게 바라봐줘야 하는 이유가 있나? 하고 싶은 나의 주장을 숨기면서까지 그의 주장을 들어주었으니까? 설령 그렇다 하더라도 행동의 결정은 당신이 선택한 것인데 누구에게 책임을 물을 수 있을까? 상대의 마음을 통제하려는 건 사실 오만한 태도다. 상대가 나에 대해 갖는 마음을 조절하려고 애쓰지 말자. 주어진 능력치 내에서 할 만큼만 하면 된다. 중요한 건 '주어진 능력치 내에서'이다. 그러니까 착하지도 않은데 착한 척하지 말자는 말이다.

마지막으로 신신당부한다. 처음부터 착하지 말자. 첫인상을 바꿔 다른 모습으로 나를 드러내기에는 오랜 시간과 큰 에너지가 들어간다. 갑자기 다른 모습을 보여주면 "갑자기 왜 저러는 거야?"라며 의아해할 것이기에 변화한 모습에 이질감을 느끼지 않게 천천히 바꿔야만 한다. 이 강도와 속도를 조절하는 것은 결코 쉽지 않고, 다시 착한 사람으로 돌아가기 쉬운 시기에 '착한 척하게 만드는 외부 자극'이 들어왔을 때 흔들리지 않는 것도 매우 어렵다.

이외 다른 이유도 있다. 열 번 중 아홉 번 쭉 잘해줬다가 마지막 한번 잘못하면 당신은 못된 사람이 되지만(저렇게 안 봤는데 알고 보니 못됐네. 여태 가식이었던 거야?), 아홉 번 쭉 못해줬다가 마지막 한번 잘해주면 당신은 '츤데레 스타일의 착한 사람'이 되는 것이다.(뭐야, 원래는 따뜻한 사람이었잖아?) 이때 그 상대만을 위해 착한 일을 한번 해주었다면 그 사람은 자신이 당신으로부터 선택받았다는 느낌을 받게 되어 당신의 가치를 더욱 높게 평가할 것이다.

어쩌면 당신에게 그 선택을 계속해서 받기 위해 잘 보이려 노력하는 광경을 목격할 수도 있다. 쉽지 않은 사람이 되어 당신의 호의 한번이 그걸 누린 상대에게 얼마나 높은 가치로 작용할 수 있는지를 직접 느껴보길 바란다.

타인의 시선으로부터
자유로워지기 위해 명심해야 할 것

누군가에게 미움받기 싫어하는 건 당연한 본능이다. 그러나 인간이 동물과 다른 점은 더 나은 삶을 살기 위해 본능적 성향을 거스르며 이성적으로 살아가는 것이다. 지금부터 당신이 주체적인 삶을 이끌어 나가기 위해 또는 타인의 시선으로부터 자유로워지기 위해 명심해야 할 것 3가지를 알아보자.

1. 모든 사람들로부터 호감을 얻는다는 것은 불가능하다.

이런 말이 있지 않은가. 당신 주변 사람 10명이 있다면 2명은 당신을 좋아하는 사람이고 그중 7명은 별 관심 없는 사람, 그리고 나머지 1명은 당신을 싫어하는 사람이라고. 어리석게도 우리는 보통 나에게 별 관심이 없거나 싫어하는 사람들의 마음을 얻기 위해 애쓰며 살아간다. 애석하게도 그것은 시간 낭비요, 감정 낭비다. 그들은 내가 어떠한 행동을 해도 나에 대한 감정이 쉽게 바뀌지 않을 테니까. 그러니 지금부터 '나는 당신(들)에게 무해한 존재랍니다'라는 것을 증명하기 위해 부자연스럽게 행동하는 것을 그만두자.

시선의 방향을 바꿔보자. 타인이 나를 평가하는 시선이 아닌 내가 타인을 평가하는 시선을 갖는 것이다. 이 초점은 자기 검열에서 벗어나기 위한 필수적인 요소다. 우리는 너무나도 남이 나를 어떻게 보는지에 전전긍긍하여 나조차 나를 타인의 시선으로 보고 낮은 점수를 매기곤 한다. 차라리 내가 남을 평가하자. 내 인생에서는 남보다 나를 지켜줘야 하니까.

일상에서 당신이 자주 마주하는 사람 10명을 떠올려보자. 당신은 그 10명 모두를 다 좋아하는가? 전혀. 그중 7명에게는 관심이 별로 없지 않은가? 그들이 무엇을 하든 말든. 또 무엇보다 싫어하는 1명이 하루아침에 말과 행동을 바꾼다고 해도 당신은 그에 대해 여태 그러했듯 썩 내키지 않는 태도를 유지할 것이다.

근데 왜 당신은 모두에게 마음에 들려고 하는가? 사실 남들은 당신이 생각하는 것보다 당신에게 별 관심이 없다. 이 생각을 머릿속에 항상 지니고 매 상황에 적용한다면 인생에서 마음고생할 일이 10분의 1로 줄어들 것이다.

물론 나도 마찬가지다. 내가 최고로 잘난 곳은 오로지 내 인생에서뿐이지(효과 1. 자존감 높이기) 다른 사람에게는 내가 대수롭지 않은 사람일 수도 있다(효과 2. 불필요한 자의식 낮추기). 이러한 효과를 경험하고 싶다고 말하는 친구에게 본인을 드러내는 유튜브 활동을 권유하기도 하였다.

실제 경험담이다. '유튜브 채널을 운영해야지'라고 마음먹은 시점으로부터 정확히 1년 뒤에 첫 영상을 올릴 수 있었다. 그 1년간 왜 영상 업로드를 미뤘는지를 분석해 보았다. 글과 사진만 올리면 되는 타 플랫폼에 비해 촬영 장비를 준비하고 편집 기술을 익혀야 한다는 높은 진입장벽도 있었지만, 큰 결심하고 얼굴이 노출되는 영상을 올렸는데 아무런 반응이 없으면 너무 민망할 것 같았기에 그 두려움을 직면하고 싶지 않았던 것이었다. 다행히 이 두려움을 이겨내고 첫 영상을 올렸지만 진정한 고난은 그때부터가 시작이었다. 영상을 열심히 편집해 꾸준히 올리기 시작했지만 조회수가 예상보다 나오지 않았다.

'어떻게 이럴 수가? 왜 댓글이 내 친구 1명이랑 엄마밖에 없는 거야?'

이 생각에는 '내가 올렸으니 최소 이 정도의 관심은 받아야 되는 거 아닌가?'란 자의식이 과하게 들어가 있는 것이다.

어떤 이가 모든 사람들로부터 미움받고 있지 않다면 그 사람은 둘 중 한 경우에 해당할 것이다. 그가 마주하는 사람들의 개별적인 특성을 파악해서 그의 기분을 좋게 해주는 일대일 맞춤 서비스(?)를 제공해줄 만큼 처세술이 뛰어난 사람이거나 또는 캐릭터가 아예 없는 사람이라 있으나 마나 한 존재감 없는 사람이거나. 후자는 누구나 되길 원하지 않을 것이고, 그렇다면 남은 경우의 수는 하나인데 전자가 되니 차라리 욕 좀 먹는 게 시간적으로나 감정적으로나 더 효율적일 것 같은데 어떻게 생각하시나?

2. 당신의 욕망을 표출하는 것이 타인과 반드시 마찰을 일으키는 것이 아니다.

앞서 말한 것처럼 원하는 것을 얻기 위한 협상 과정은 과격한 전쟁이 아니다. 얼마든지 우아하게 쟁취할 수 있다. 예전 블로그에 '요구 잘하는 사람이 대접받는 이유'라는 제목의 글을 쓴 적이 있다. 이 글을 읽은 많은 독자들이 공통적으로 남긴 댓글 중 하나는 다음과 같다.

"요구를 잘해야 살기 편하다는 건 알겠어요. 원하는 것을 적극적으로 표현해야 쉽게 얻을 수 있으니까요. 하지만 원하는 것을 말하면 사람들이 나를 한 치도 타협할 수 없는 드센 여자라 생각할 거 같아요. 사람들에게 요구를 잘하면서도 나를 대접하게 만드는 방법이 있나요?"

어떻게 행동해야 할지 모르겠어서 난감하다는 상황에 대해 이야기를 들어보면 해결방안을 '모 아니면 도'와 같이 극단적으로 생각하는 경향이 있다는 걸 알게 되었다. 많은 이들이 거절 및 요구하는 것을 어려워하는 이유는 '저 사람의 기분을 나쁘게 하고 싶지도 않아' 그렇지만 '그 부탁을 거절하지 못하면(또는 그 요구를 하지 않는다면) 내가 하고 싶은 걸 할 수 없어. 즉, 내 욕망을 실현시킬 수 없어'와 같이 두 마리 토끼를 모두 잡고 싶어하기 때문이다. 두 마리 토끼를 모두 잡을 수 있는 방법에 대해 먼저 생각해보자. 일단 시도해보고 안 되면 한 마리를 놓아주면 되니까.

앞의 2가지 조건에서 내가 통제 가능한 변수를 생각해보자. 문제 상황에 직면했을 때 가장 먼저 생각해야 할 것은 그 상황에서 내가 바꿀 수 있는 것과 바꿀 수 없는 것을 구분하고 바꿀 수 있는 것에만 집중하는 것이다. 바꿀 수 없는 것은 깔끔하게 잊자. 그건 당신의 의지 영역이 아니다.

'상대의 기분을 나쁘게 하고 싶지 않다'에서 바꿀 수 있는 것은 최대한 거절을 기분 나쁘지 않게 하는 것이고 '내 욕망을 실현시킬 수 없다'에서 바꿀 수 있는 것은 욕망 실현에 대한 의지를 낮추거나 없애는 것이다. 나는 당신이 남의 행복보다 당신의 행복에 집중하길 바라므로 전자를 변화시키는 방향을 추천한다.

그렇다면 우리가 해야 할 일은 상대방이 기분 나쁘지 않은 방식으로 거절의사를 표현하는 것. 즉, 상대의 기분을 나쁘게 만들지 않는 방식으로 본인의 의사표현을 할 수 있는 능력이 있다면 거절하는 상황이 이전보다 덜 어려울 것이다. 이 구체적인 방법에 대해서는 대화와 관련한 STAGE 4에서 알아보자.

그럼에도 불구하고 상대가 기분 나빠한다고? 이때 상대의 기분은 내가 통제할 수 없는 것이기에 깔끔하게 포기해야 한다. 상대 기분까지 내가 마음대로 정할 수 있다고 생각하는 것 자체가 오만한 태도이므로 내가 할 수 있는 것에만 집중하자. 그러면 마음도 한결 가벼워지고, 스스로 최선을 다했다는 것 자체에서 결과와 무관한 만족감을 느낄 수 있을 것이다.

상대방 기분보다 내 기분을 더 중요하게 생각하고, 나를 위한 거절과 요구를 잘 할 수 있는 여자는 행복하게 잘 살 수밖에 없다. 이렇게 스스로를 아끼는데 누가 함부로 대할 수 있을까? 함부로 대한다고 해도 결코 가만히 있지 않을 걸 알기에 조심스럽게 대할 수밖에 없을 것이다.

3. 상대에게 잘 보이고 싶다면 매력적으로 행동하라.

상대가 당신에게 진짜로 바라는 것은 당신의 착한 모습이 아닌 매력적인 모습이다. 당신이 사람들로터, 세상으로부터 받는 대접이 만족스럽지 않다면 당신에게도 일부 책임이 있을 수 있다. 다시 말해 당신이 지금부터 내뱉는 말 한마디, 사소한 몸짓언어 하나, 세상을 바라보는 시각 등의 모든 태도가 세상이 당신을 어떻게 대할지 결정하도록 만드는 요인인 것이다.

한번이 아닌 여러 번 아무런 대가 없이 상대가 원하는 것을 순순히 내어주면 상대는 당신을 착하다고 생각하는 걸 넘어서 만만하게 여기게 될 가능성이 높아진다. 얼마나 비극적인 일인가? 그 사람에게 잘 보이고 싶어서 착한 척 행동하며 잘해줬는데 예쁨받지 못할 망정 만만한 취급을 당하는 것만큼 억울한 일이 또 있으랴? 다음 상황을 통해 착한 행동보다 매력적인 행동이 더욱 중요하다는 사실을 알아보자.

A는 직장인 5년차 대리로 빠른 승진을 하고 싶어 높은 지위의 상사들과 친해질 수 있는 기회를 엿보고 있다. 특히 회사 내에서

막강한 파워를 갖고 있는 차장 B의 눈에 들고자 다른 상사에게 대하는 것보다 훨씬 친절하게 대하고 요청받지도 않은 일임에도 B가 필요로 할 것 같은 자료를 건네드리곤 하였다. 그렇게 몇 개월간 착하고 배려심 있는 부하직원으로서의 역할에 충실하였음에도 B는 자신에게 관심을 보이지 않았다. '조금 더 살갑게 다가가야 하나? 립스틱을 좋아하시는 것 같은데 부담스럽지 않게 선물해드려볼까?' 고민하던 찰나, 같은 부서 내 근무하는, 자신과 동일 직급인 C가 B에게 인사를 건네고 대화하는 장면을 우연히 보게 되었다.

회사 사람이라면 B의 입지를 알고 있을 테고 그녀와 친해지고 싶어할 텐데 C는 그런 걸 염두에 두지 않는 듯 B의 질문에 필요 이상의 리액션 없이 담백하게 대답하는 모습을 보면서 속으로 생각했다.

'자기가 뭐라도 되는 듯이 행동하는 건 뭐야? 차장님이 먼저 질문하시는 경우는 별로 없어서 나 같으면 생글생글 웃으며 더 시키실 건 없는지 물었을 텐데 말이야.'

며칠 뒤, 회의 시간에 부장님께서 차장님에게 다음 주 중요한 클라이언트와의 미팅이 있으니 대리 직급의 직원 한 명과 함께 다녀오라는 지시를 내리셨다. A는 그간 B에게 공들인 보람이 있다고 생각하며 자신을 지목할 것을 상상하고 있었는데 차장님의 답변을 듣고 머리를 세게 맞은 듯했다.

"네, 그러면 C 대리와 함께 다녀오겠습니다."

A는 억울한 심정에 마음 같아선 차장님께 왜 나를 선택하지 않고 C 대리를 선택했는지 묻고 싶었다. 그러나 차마 그럴 수 없기에 그 대신 C 대리와 대화를 나눠 봐야겠다고 생각해 그녀를 따로 불러내어 말했다.

"C 대리님과 저는 직급도 똑같고 업무 실력도 비슷한 걸로 평가 받고 있는 거 알고 계시죠? 저는 B 차장님에게 잘 보이려고 여태 노력해왔는데 오히려 그렇지 않은 C 대리님과 미팅을 함께 가겠다는 게 전 사실 이해가 되지 않아요. 대체 어떻게 잘해 드렸길래 대리님을 선택한 거예요? 혹시 따로 비싼 선물 드리고 그랬어요?"

A의 말을 갸우뚱하며 듣다가 이내 피식하며 C는 대답하였다.

"저는 적어도 A 대리님처럼 저를 선택해달라고 대놓고 굽신되진 않거든요."

그녀의 설명이 잘 이해가 가지 않는 듯한 표정을 짓는 A를 보며 C는 침착하게 왜 자신이 선택되었는지에 대해 설명해 주었다.

"이 상황을 이해하기 쉽도록 예시를 하나 들어드릴게요. 길을 걸어가는데 두 빵 가게가 나란히 붙어 있고 두 가게의 빵의 맛과 가격은 똑같다고 가정해볼게요. 첫 번째 빵집은 사장님이 직접 길거리로 나와서 시식을 해보라며 지나가는 이들에게 허리를 숙이고 빵을 건네죠. 한 번 맛보시고 맛있으면 사달라는 말과 함께요.

두 번째 빵집은 사장님이 밖으로 나오긴커녕 손님이 들어와도 부담스럽지 않고 적당히 선을 지키는 서비스로 응대하죠. 대신 빵을 굽는 맛있는 냄새로 가게 앞을 지나가는 사람들의 발걸음을 가게 안으로 유도하는 전략을 사용했고요. 자, 이때 A 대리님이라면 어떤 빵집의 빵을 살 것 같으신가요? 그리고 어떤 빵집을 다닌다는 것에 스스로가 더 만족감을 느끼실 것 같나요?"

A는 자신을 첫 번째 가게로, 본인은 두 번째 가게로 비유하는 것 같아 썩 기분이 좋지 않았지만 돌이켜 보니 틀린 말은 아닌 것 같았다. 인정하는 듯한 A의 표정을 보고 C는 말을 이어갔다.

"저도 예전에 그랬어요. 누군가에게 잘 보이고 싶으면 무조건 잘해줬거든요. 그게 직장에서뿐만 아니라 친구 사이에도 심지어 연인 사이에서도 말이죠. 하지만 그렇게 잘해줬을 때 돌아온 건 제가 기대했던 똑같은 친절함이 아닌 오히려 저를 쉽고 만만하게 보는 태도였어요. 처음엔 상대를 원망했죠. 왜 내 마음을 몰라주는지 말이에요.

시간이 지나고 2가지 사실을 깨달았어요. 첫째는 잘해줬던 이유를 상대방을 위해서가 아닌 내가 원하는 즉, 내 마음이 더 편하기 위해 내가 원하는 행동을 선택했다는 거예요. 상대가 바라는 행동을 알기 위해선 오랜 관찰과 깊은 연구가 필요하니 시간도 오래 걸리고 방법도 어렵잖아요. 그래서 좀 더 쉬운 방법인, 내가 원하는 걸 해주고는 잘해준다고 착각했던 거예요. 진짜 잘해준다는 의미는 상대가 바라는, 그 결핍을 채워주는 것인데 말이죠."

A는 흥미로운 표정을 지으며 두 번째는 무엇인지 물었다.

"그 사람에게 잘 보이고 싶으면 그의 결핍을 채워주는 것도 중요한데 더 중요한 건 매력적으로 행동하는 거예요."

"매력적으로 행동하는 게 어떤 걸 뜻하는데요?"

"너무나도 다양한 뜻이 있지만 A 대리님에게 가장 필요한 한 가지만 우선 말씀드릴게요. 그건 바로 나를 '궁금하게 만드는 것'이에요. 내가 다가가는 것이 아닌 그 사람이 나에게 다가오도록 만드는 거죠.

A 대리님은 B 차장님의 호기심을 끌었다고 생각하세요? 제가 볼 땐 아닌 거 같아요. 항상 먼저 다가가셨잖아요. 그렇지만 저는 차장님이 저에게 다가오도록 만들었죠. 누구나 다 차장님에게 잘 보이고 싶어 비위 맞추는 행동을 하지만 저는 그러지 않았거든요. 그 차이점이 궁금하셨겠죠. 나아가 차장님이 아래 사원

들이 보여줬으면 하는 행동이 무엇인지 즉, 차장님이 원하는 점이 무엇인지 정확히 파악하고 적당한 선을 지키며 그 행동을 보여드렸고요. 이게 바로 B 차장님이 저를 좋게 생각하신 이유들이에요."

A는 이러한 불편하지만 어쩔 수 없는 사실을 알게 된 것만 같아서 내심 다행이라고 생각했다. 사람들은 누구나 자기를 안목 있는 사람으로 봐주길 원한다. 내가 어떤 선택을 하는 사람인지가 곧 나의 이미지, 나아가 수준까지 드러내는 것이기 때문이다. 그러니 안목 있는 사람 즉, 괜찮은 사람의 마음에 들고 싶다면 무겁게 행동하라. 가볍게 움직이는 것은 가치 높은 사람의 마음을 결코 움직이지 못한다.

06

신녀성이 되기 위한 마인드

✧　　우리는 너무 착하다 아니, 착한 척한다. 착한 척해서 남는 것이 있었나? 이 질문에 '아니요'라고 대답했다면 지금이 바로 당신이 새롭게 다시 태어나기에 최적의 타이밍이다.

남의 욕망보다 나의 욕망이 더욱 중요해 이를 당당히 쟁취할 수 있는 신녀성이 되기 위해 필요한 5가지 마인드와 태도에 대해서 알아보자.

이는 STAGE 2에 등장하는 담보를 갖추는 방법과도 비슷한 맥락이니 다음과 같은 태도를 갖추려 노력하는 것은 자기 확신, 자존감을 얻는 것과 동일하다고 생각해도 좋다.

1. 손익 계산이 자연스럽다.

인간관계에서 오는 고통의 공통적 근본은 '네가 어떻게 나한 테 이럴 수 있어?'라는 내 마음을 몰라주는 감정에서 나온다. 친구가 남자친구와 이별해서 힘들단 말에 당신의 달콤한 주말 휴식을 반납한 채로 친구의 하소연을 모두 들어주었는데 새로운 남자친구가 생긴 뒤로는 당신에게 연락 한 통 없을 때의 배신감, 친구와 서로 번갈아 가면서 밥값을 내는데 친구가 사는 날에는 항상 가장 저렴한 밥을 사줄 때의 서운함 등이다.

또는 연인 관계에서 나의 기대에 미치지 못하다고 생각되는 이성을 만날 때(그것이 외모, 직업, 경제력과 같이 객관적인 가치거나 배려심, 애정 표현, 관심도와 같이 주관적인 가치거나) '내가 이 사람을 만나는 게 맞는 걸까? 시간이 아깝진 않은 건가?'란 생각이 들 수 있다. 즉, 내가 투입한 자원(비용, 시간, 감정 및 나의 가치)에 비해 상대가 나에게 투입한 자원이 적을 때 손해 보는 느낌을 받게 된다. 인간은 누구나 손해 보는 것을 원치 않는다. 가능한 효율적으로 쉽게 살아가길 원하며 이것이 내가 항상 강조하는 '편안한 삶'이다.

아쉽게도 많은 여성들은 이처럼 '재고 따지는 것'에 죄책감을 느끼곤 한다. 자신은 그런 속물이 아니며 현실에 타협하지 않는 순수한 사람이라는 것을 사람들에게 혹은 스스로에게도 드러내고 싶은 것일지도 모른다. 그렇다면 본인이 가지고 있는 것을 그대로 주는 사람이 되고 싶다고 생각했음에도 상대에게 이익을 주고 난 뒤에 왠지 모를 찜찜한 기분이 드는 것에 대해선 어떻게 설명할 수 있을까?

저울질해도 괜찮다. 다시 한번 강조해 말하지만 타인에게 예쁨받고 착한 사람으로 인식되는 것보다 당신의 욕망을 충족시키는 것이 당신 인생에서 가장 중요한 일이 되어야만 한다.

당신의 선택은 당신이 가장 행복한 결과를 가져올 수 있는 선택이어야만 한다. 그리고 그 선택에 일말의 아쉬움과 후회가 없으려면 평상시 당신의 감정의 역치가 낮아야 한다. 무엇에 불행함을 느끼고 무엇이 당신을 행복하게 만드는 것인지를 예민하게 반응해야지만 선택의 기로에 놓였을 때 온전하게 자신의 편안함을 최우선순위에 두고 결정을 내릴 수 있게 된다. 행복과 불행의 역치가 낮아지는 것에 대한 내용은 STAGE 2에서 알아보자.

Q. 누구나 관계에서 이익만을 원하면 어떻게 관계가 성립되고 유지될 수 있나요? 내가 이익이라고 생각되면 상대는 자신이 손해라고 생각할 테고 그 관계를 지속하고자 하는 동기가 없을 텐데 말이죠.

A. 상대방의 관점이 나의 관점과 똑같을 것이라는 생각부터 버려야 합니다. 나는 이익이라고 생각하는 것이 상대에게는 별 가치가 없는 것일 수도 있고, 나는 대수롭지 않게 줄 수 있는 것이 상대방에게는 큰 이익이 될 수도 있기 때문입니다. 한마디로 말하면 서로가 원하는 것을 주고받는 윈윈 관계가 되면 됩니다.

이와 관련해 재미있는 이야기를 들려드릴게요. 흥이 많은 남자 3명이 신나게 놀기 위해 클럽을 찾았고 높은 비용을 내고 편히 쉴 수 있는 자리를 예약하였죠. 이때, 온몸을 명품으로 휘어 감은 한 남성이 자신의 자리로 다가와 쭈뼛거리는 태도로 한 가지 제안을 하였다고 해요.

"저는 혼자 놀러 왔는데 혹시 여기에 껴도 되나요? 이 자리 예약한 비용과 앞으로 주문할 술값까지 모두 제가 다 낼게요. 대신 여자와 어떤 식으로 대화를 이어가야 하고 어떻게 매력적으로 행동해야 하는지를 알려주실 수 있나요? 제가 옆에서 보면서 따라 해보고 싶어서요."

남자 3명은 어서 이 자리에 앉으라며 반겼고, 제안한 남성 또한 고맙다는 말과 함께 합류하게 되었다고 해요. 이 남성에게 이익은 '이성에게 어필하는 방법을 배우는 것'이었으며, 남성 셋에게 이익은 많은 돈을 아끼는 것이었죠.

사실상 모든 경제적 교환 행위가 이와 같지 않을까 싶어요. 우리가 어떤 물건을 받고 서비스를 이용하는데 있어서 지불하는 돈보다(손해) 얻는 만족감이 더 크고(이익), 반대로 판매자의 입장에서는 가지고 있는 자원보다 얻는 돈이 더 이익이라고 생각할 테니 서로 윈윈인 것이죠.

이처럼 내가 갖고 있는 것을 높은 가치로 평가하는 사람들을 찾아내 그들과 윈윈하는 것은 인생을 편하게 살아가기 위해 필수적인 요소예요. 구체적인 방법에 대해서는 차차 설명하도록 하겠습니다.

2. 행복과 불행에 민감하다.

"근데 말이야, 이런 말 들었을 때 기분 나쁜 거 맞지?"

누구나 한 번쯤은 친한 친구에게 물어봤을 법한 질문이다. 자신이 너무 예민하진 않은지, 괜한 말과 행동으로 유별난 사람으로 인식되고 싶지 않기에 객관적인 시선으로 자신의 감정을 평가받고 싶을 때 위와 같이 묻곤 한다. 혹은 자신의 기분을 공감받고 싶어 할 때 쓰기도 한다.

그러나 매번 자신의 말과 행동을 검열한다면 스스로가 느끼는 감정에 확신이 없다는 것이며 이는 곧 남의 눈치를 보는 행동으로 이어질 수밖에 없다. 자신의 기분은 자신만이 정확히 알 수 있고 판단 내릴 수 있는 근거가 되는 것인데 왜 남에게 물어보는 것일까? 내가 기분이 나빴다면 나쁜 것이지 왜 남의 의견으로 본인의 기분을 정의하려고 하는 걸까?

미소가 아름다웠던 A씨의 이야기였다. 그녀는 어떠한 상황에서도 웃음을 잃지 않으려 노력한다기에(실제로 컨설팅에서도 내내 웃는 표정이었다.) 작은 일에도 행복을 느끼는 여성일 거라 생각했다. 그러나 그녀의 대답은 내가 예상했던 것과 정반대였다.

"솔직히 말해서 어떤 일에 행복을 느끼고 뭘 좋아하는지 잘 모르겠어요. 남들이 제 선택에 대해 물어볼 때 저는 아무거나 괜찮다고 말하는 게 진짜로 괜찮아서 말하는 것이거든요. 그런데 어느새부터인가 이런 저를 주변 사람들이 좋게 말하면 편하게, 좀 나쁘게 말하면 쉽게 보는 것 같아요. 일부러라도 괜찮지 않다고 말하는 게 필요할까요?"

답변부터 말하자면 "진짜 괜찮지 않은 사람이 되어보세요"이다. 그 이유는 2가지로 아래와 같다.

첫째, 아무거나 괜찮은, 호불호가 뚜렷하지 않거나 취향이 없는 사람이면 삶에 큰 재미를 느끼지 못할 확률이 크다.

나 같은 경우 작은 것에도 굉장히 큰 행복을 느끼기에 지금 쓰고 있는 이 단락을 다 쓰고 난 뒤에 보상의 의미로 와인을 한잔 마실 계획이다.

이때 어떤 품종의 와인을 마실지 고민하는 이 순간이 즐거우며 취향대로 와인을 골라 마셨을 때의 만족감과 짜릿함으로 삶의 행복지수가 올라간다. 그렇지만 만약 어떤 와인이든 상관없이 아무거나 골라 마셨다면 행복 지수는 평범한 수치에 머무를 수밖에 없을 것이다. 모든 건 의미 부여하기 나름이며 행복해지기 위해서도 노력이 필요하다.

당신이 좋아하는 일을 보상의 의미로 활용해도 좋고(방금의 나처럼) 평상시 아무 제약 없이 즐겨했던 일도 특정 상황에서만 즐길 수 있도록 한계를 설정해놓으면 분명 행복한 감정을 이전보다 더욱 자주, 깊이 느낄 것이다. 예를 들어 밤에 출출할 때 아무 생각 없이 먹던 야식을 이제는 1주일 또는 2주일 주말에 딱 한 번만 먹을 수 있는 규칙을 만드는 식이다. 그러면 그 한 번의 야식이 이전보다 더욱 당신을 행복하게 만들어 줄 것이다.

불행도 이와 비슷한 맥락에서 역치가 낮아야 한다. 캔디가 노래하는 '외로워도 슬퍼도 나는 안 울어'는 건강하지 않다. 외롭고 슬프면 울어야 한다. 그것도 남들이 알아주게끔 울어야 한다. 그래야 내가 그리고 주변 사람들이 나를 도와준다.

불행에 익숙한 여자들은 지금 겪고 있는 불행이 불행이라 생각하지 않기에 계속해서 만족감이 낮은 환경에서 살아갈 뿐만 아니라 행복해질 수 있는 결정을 내리거나 행복한 상황에 놓이는 걸 어색하고 불편해한다. 이건 정말 무서운 이야기다. 그러니 당신을 불편하게 하는 상황이 있다면 재빠르게 알아차려서 그 상황을 벗어나거나 바꾸도록 용기를 내야 한다.

이때 필요한 것은 '안목'과 '요구하는 능력'이다. 소개팅에서 만나 연애를 시작했다고 가정해보자. '안목'이란 첫 소개팅 만남에서부터 사귀기까지 혹은 사귀는 도중에서도 이 남자가 괜찮은 사람인지 나와 잘 맞을 것 같은지를 빠르고 정확하게 파악해 계속 만날 것인지 말 것인지를 결정하는 능력이며, '요구하는 능력'이란 사귀는 도중에 나를 불행하게 만드는(남자친구가 의도했

든 하지 않았든 간에) 행동을 보인다면 그 점에 대해서 변화해줄 수 있겠냐고 물을 수 있는 용기를 뜻한다.

애초부터 좋은 사람을 알아볼 수 있는 선구안과 중간에 갈등이 생겨 내가 불행해졌더라도 빠르게 행복한 상황으로 놓일 수 있도록 노력하는 태도 모두 중요하다. 그런데 평소 주변에 괜찮은 사람이 없어서 사람 보는 눈이 없거나, 원하는 것을 알면서도 말을 못하고 자신을 불행으로 몰아넣는 상황에 익숙하다면 지금부터라도 주변 환경을 바꾸고 조금 더 까다로운 안목을 가질 필요성이 있다.

둘째, 정작 나는 괜찮을지라도 사람들이 나를 대하기 쉬운 사람으로 인식할 가능성이 높기 때문이다.

다음과 같은 장면을 상상해보자. 당신은 친구들 여러 명과 카페에 들어가 자리에 앉았고 그중 2명이 모두의 주문을 대신 받아 오겠다고 하였다. 한 명씩 차례로 돌아가며 어떤 음료를 주문할 건지 말하고 있는 와중에 당신에게 급한 전화가 걸려와 자신이 주문하고 싶은 메뉴를 말하지 못하고 자리를 비우게 되었다. 주문을 대신 받겠다고 말한 2명 중 한 명이 "○○가 잠깐 전화 받으러 갔는데 금방 오겠지? 어떤 메뉴 시킬지 듣고 주문하러 가자"고 말했는데 다른 한 명이 "그냥 주문하러 가자. 어차피 물어봤자 여태 그랬던 것처럼 아무거나라고 대답할걸? 딱히 좋아하고 싫어하는 거 없는 것 같더라고."

이런 반응을 들었을 때 기분이 좋은 사람은 당연히 없을 것이다. 내가 없는 자리에서 나를 기다리지 않았다는 것에 언짢을 수도 있지만, 그 이유가 아니더라도 이미 그들에게 나는 쉬운 사람으로 인식되어 있다는 사실에 자존감도 상할 것이다. 너무 까다로운 사람으로 비춰져 피로감을 주는 것도 문제이지만 그렇다고 또 너무 무난하고 무딘 사람처럼 비쳐 당신을 대하는데 아무런 에너지를 사용하지 않아도 된다고 인식시키는 것도 문제다.

컨설팅에서 만난 여성들 중에서도 주변 사람들로부터 딱딱한 이미지라는 이야기를 들으며 스스로가 생각하기에도 자신은 재미없는 성격이라고 말하는 분들의 공통점은 감각에 무디다는 것이다.

감각에 무뎠을 때 나타날 수 있는 문제는 반응이 거의 없다는 것이다. 표정도 무표정, 말투도 딱딱하고, 리액션도 거의 없거나 기계적인 느낌이라서 긴장되어 보이거나 여성스러워 보이지도 않는다. 그러면 쉽게 아무거나 괜찮은, 쉬운 여자가 되어버릴 수 있다. 내가 본 매력적인 여자들 중에서 '아무거나'라는 단어를 사용한 여자는 단 한 번도 본 적이 없었다.

3. '그럴 수도 있지'의 태도

지인 중에 별 고민과 걱정 없이 사는 듯한 친구가 있다. 주변 사람들과 문제없이 지내면서도 그들과 적당한 거리감을 두어 인간관계에 큰 스트레스를 받지 않는 것 같았다. 그런 그녀에게 특별한 비법이라도 있는지 궁금해 물어보았다.

"너는 원래 성격이 초연한 성격이야? 내가 기억하기론 꽤나 소심하고 예민했던 걸로 기억하는데 바뀐 건지 궁금해."

그녀는 어떻게 알았냐며 말을 이어나갔다.

"맞아, 나 원래 소심했던 거. 그리고 지금도 그 성격은 변하지 않았을 거야. 소심한 성격 덕분에 주변 사람들을 세심하게 챙겨줄 수 있어서 꼭 나쁜 것만은 아니야. 그러나 가끔은 나 스스로도 사람들의 행동을 너무 예민하게 받아들여 피곤할 때가 있더라고. 그걸 고치려고 지나치게 소심하고 예민해질 때마다 이렇게 생각해."

그녀의 두 마디는 다음과 같았다.

"그럴 수도 있지", "원래 그런가 보다."

그런 적 있지 않은가? 먼저 메신저 메시지도 잘 보내고 기분 좋은 이모티콘을 쓰던 친구가 조금은 무뚝뚝한 분위기로 답장을 했을 때, 자주 가는 단골 식당 아주머니께서 평소와는 다르게 인사를 반갑게 받아주지 않으셨을 때 문득 '내가 뭘 잘못했나?'란 생각으로 자신의 행동을 검열해본 적 말이다.

배려심이 많고 공감 능력이 뛰어난 당신이라면 이런 감정이 낯설지 않을 것이며 또 잘못된 것도 아니다. 그러나 지나치게 걱정하는 것이 습관이 된다면 당신의 에너지를 낭비하는 지름길이 될수 있다. 소중한 에너지는 나의 욕망을 충족시키는 데만 사용해야지, 남 눈치 보며 사용되기엔 아깝기 때문이다. 그때마다 '무슨일이 있나? 뭐, 그럴 수도 있지. 피곤한가 보다'라고 생각하며 넘기자. 일일이 남의 기분을 맞춰주기엔 우리의 인생이 너무 짧다.

만약 당신의 행동에 문제가 있어 상대방의 기분이 언짢은 거라면 그가 먼저 당신에게 이야기할 것이다. 혹시라도 이야기를 꺼내지 않는 사람이라면 그건 그 사람이 내린 선택이고 그 사람이 알아서 감당해야 할 문제이다. '내가 이렇게 기분 안 좋은 티를 너에게 내고 있으니까 너가 알아서 내 기분을 풀어줘봐'라는식의 행동을 하는 사람이라면 적어도 나는 그런 사람에게 내 시간과 감정을 쓰고 싶진 않다. 그럼에도 불구하고 상대방의 특정행동에 당신의 마음이 편치 않다면 먼저 물어보는 것도 하나의방법이다. "오늘 기분이 좀 안 좋아 보이는데 무슨 일 있어?"와같이.

당신 또한 혼자 끙끙 앓으며 '왜 그러지? 내가 계속 신경 쓰이게 하는 저런 행동은 안 했으면 좋겠는데……'라고 생각할 수 있다. 여기서 '왜 그러지?'는 남의 눈치를 살피는 태도를 나타내는 말이며 '저런 행동 안 했으면 좋겠다'는 그 사람의 행동이 불편하니 거기에 맞춰 착한 척을 할 수밖에 없다. 그러니 '무슨 일이 있겠지'와 같이 '그러려니' 하는 태도가 필요하다.

아까는 행복과 불행에 예민해지라더니 이번에는 그러려니와 같이 무뎌지라니 어떻게 행동해야 할지 헷갈리는 분들이 계실 수 있다. 확실히 구분 지어 정의해드리겠다. 내가 통제할 수 있는 것과 없는 것을 구분해 통제할 수 있는 부분에 대해서는 민감하게, 그렇지 않은 부분에서는 둔감하게 행동하자.

여기서 통제할 수 있는 부분은 '나의 감정'이고, 통제할 수 없는 부분은 '상대방의 감정'이다. 통제할 수 있는 행동은 '내가 내리는 선택', 통제할 수 없는 행동은 '상대방이 내리는 선택'이다. 이때 상대방이 선택을 내리기 전에 "이렇게 하는 건 어때?"와 같이 한 번쯤 당신의 의견을 제안할 수는 있지만 내 입맛에 맞게 행동해주길 바라는 건 통제불가능한 영역이니 포기하자.

누군가가 당신의 기분을 언짢게 만들었을 때 '저 사람은 도대체 나한테 왜 그러는 거지? 내가 무슨 잘못을 했다고? 정말 기분이 나빠. 정당한 사과를 요구해야겠어'와 같이 생각하고 행동에 옮길 수 있지만, 또 어떤 상황에서는 그런 행동이 비효율적이며 오히려 나의 에너지를 낭비하는 일이 될 수 있기에 '저 사람은 원래 저런 사람인가보다. 저렇게 행동하는 이유가 나 때문에 그런 것이 아니니 다른 사람에게도 저럴 거야. 그러니 신경 쓰지 말자'라며 대수롭지 않게 넘겨버리는 것이 현명한 것일 수도 있다.

여기서 가능하다면 한 단계 더 나아가 저 사람이 왜 저렇게 행동하는지 심리기제를 분석해보는 것도 당신의 마음이 편안해지는 방법 중 하나다. 모든 것에는 원인이 있으니 그것을 이해하면 '그래서 저렇구나', '이유를 알고보니 그럴 수도 있겠네'라고 생각하는 것이다.

덤으로 인간에 대한 통찰력도 생길 것이고 말이다. 감각의 역치를 낮추는 것이 도움이 될지, 높이는 것이 도움이 될지 올바른 판단을 내리기 위해선 많은 경험과 성찰이 필요할 것이다. 이를 게을리하지 않는다면 당신은 오로지 당신만을 위해 에너지를 쓰고 있는 자신을 발견할 수 있다.

4. 내 인생에 집중하기와 '그래서 뭐?'의 태도

행복한 인생을 살기 원한다면 매 순간의 과정과 결과에 만족도가 높아야 하며 실제로 만족하는지 아닌지를 알아차리기 위해서는 나의 감정과 생각에 집중해야 한다. 타인에게 피해를 주는 게 아니라면 남이 나를 뭐라고 생각하든 평가하든 개의치 않아야 한다. 욕망에 충실한 여자들은 지금 살고 있는 나의 세계가 나를 중심으로 돌아가고 있는데, 착한 척하는 여자들은 자신의 세계를 방치한 채로 남의 세계에 기웃거리고 있는 것이다. 또는 남이 자신의 세계를 어지럽히고 있는데 그걸 지키지도 못한 채로 바라만 보고 있는 것일 수도 있고.

착한 척해서 불행한 여자들의 특징은 위의 2가지에 모두 나와 있다. 첫째는 자신 인생보다 남의 인생에 더 많은 관심을 갖고 사는 것이고, 둘째는 남이 자신의 인생을 함부로 흔들고 있는데 대항할 힘이 없어서 방치하거나 회피하는 것.

두 번째와 같은 문제를 방지하려면 첫 번째 문제점부터 해결해야 하므로 순차적으로 이야기해보겠다. 내 인생보다 남의 인생에 지나치게 관심이 많은 사람들의 특징은 자신의 인생에 재미를 잘 느끼지 못한다는 점이다. 나의 오늘이 즐겁고 내일이 기대되는 사람은 어떻게 더 이 즐거움과 기대감을 극대화할 수 있을까에 초점을 맞추고 노력하기에 자신의 1분, 1초가 아까울 것이다. 이런 사람이 남이 어떻게 살고 있는지에 필요 이상의 관심을 가질 여유가 있을까? 그러니 만약 당신이 현재 인생이 재미없다고 느낀다면 당장 해야 할 일은 '어떻게 하면 내 인생을 더 재밌게 살 수 있을까?'를 연구하는 것이다.

방금 전에 말했다시피 행복해지기 위해서는 당연히 노력이 필요하다. 행복한 사람, 인생을 즐겁게 사는 사람은 천성적으로 행복하고 즐거운 걸 넘어 그러고자 노력했기 때문이다. 그러나 그 노력이 고시공부하듯 미래의 성공을 위해 현재의 만족을 미루고 욕망을 억누르는 것이 아닌 내가 나를 소중히 여기며 아끼는 마음에 집중한 것이다.

만약 당신이 남의 인생에 필요 이상의 관심을 갖고 있다면 그 사람의 어떤 부분이 당신의 결핍된 부분을 대리만족하게 만들었는지 인지하고, 그 부분을 내 인생에서 채워 넣기 위해 무엇을 해야 하는지 파악해보자. 그게 바로 내 삶을 주도적으로 이끄는 핵심이다. 시간이 흘러가니까 어쩔 수 없이 살아지는 인생이 아닌 원하는 인생을 만들기 위해 시간을 계획한다고 생각하자. 남의 인생에 집중해서 내 인생과 비교하는 행동이 얼마나 보잘 것 없는지를 깨닫게 될 것이다.

자, 이제 남의 인생보다 나의 인생에 집중하기 시작한 단계로 넘어온 당신. 또 하나의 관문이 남아 있다. 그건 바로 내 인생에 지나친 관심을 갖고 참견하는 사람들을 어떻게 멀리할 것인가의 문제다. 중요한 건 적극적으로 '멀리한다는 것'이다. 그냥 두지 마라. 자신의 인생을 타인의 먹잇감으로 방치하는 것이야말로 착한 척하는 여자들이 여태 고통받아 온 가장 큰 이유다.

당신을 함부로 통제하고 가스라이팅하려 할 때마다 다음과 같은 태도를 기억하자. '그래서 뭐? 어쩌라는 거지? 무슨 문제라도 있나?' 이것이 바로 기본적 대응방식이다. 당신이 새롭게 헤어스타일을 바꾼 것에 대해서 누군가가 어울리지 않는다고 말하며 고의적으로 당신의 기분을 상하게 만든다면 '그래서 어떻게 하라는 거지?'와 같은 뉘앙스로 대응하자. 상대방이 나와 어떤 관계이고 얼마나 진지한 또는 가벼운 상황이냐에 따라서 어떤 표정과 말투로 말할 것인지는 다르겠지만 중요한 건 '그 말에 휘둘리지 않는다'는 것이다. 당신의 행동이 마치 잘못된 것처럼 누군가 당신을 깎아내리려고 한다면 '내가 그러고 싶어서 그랬다는데 무슨 상관이지?'라고 생각하며 피식 웃어넘기자.

이때 중요한 것은 내가 생각하고 판단하는 것이 맞다고 스스로를 먼저 믿어야 한다. 믿음이 흔들리는 모습이 드러나면 상대는 다시 당신을 밟으려는 준비를 할 것이다. 그러니 자기 확신, 담보가 선행되어야 함을 잊지 말자(자세한 내용은 STAGE 2를 참고하자).

5. 공격력과 수비력을 갖추고 있다.

나는 전국생활체육복싱대회 메달 수상자이다. 21살 때 호기심으로 시작한 복싱에 흥미를 느껴 매일 같이 체육관을 나갔고 나에게 재능이 있다는 걸 파악하셨던 관장님의 권유로 22살 때 처음으로 복싱대회에 출전하게 되었다. 지옥 같은 훈련과 유리한 체급 출전을 위해 고된 체중 감량을 이겨내며 메달을 목에 걸었다는 것은 인생에 있어 의미 있는 결과였다. 그러나 더욱 의미 있던 건 몇 개월간의 시합 준비 기간과 실전 대회날의 경험이었다. 복싱대회를 준비하며 자연스럽게 얻게 된 공격력과 수비력이 지금의 단단한 나를 만들었다고 말해도 이는 결코 과언이 아니다. 그때의 경험을 체화시킨 것이다.

사각 링 안에서의 3분 남짓한 시간은 실제 인생과도 같기에 권투를 통해 인생을 배웠다고 말하고 싶다. 일단 시합이 시작되면 링 밖으로 나갈 수 없다. 맞서든 도망치든 제한된 공간에서 최선을 다해야 한다. 상대방은 나를 쓰러뜨리기 위해 펀치를 날려올 것이다. 이때 내가 할 수 있는 건 똑같이 잽과 원투를 날리며 공격하거나 가드를 올려 상대 펀치를 수비하는 것 2가지뿐이다.

욕망대로 살아가기 위해서 '공격력과 수비력'은 반드시 필요하다. 여기서 공격성이란 상대를 해치게 만드는 목적의 폭력성이 아닌 상대가 나를 함부로 대하려고 할 때 그러지 못하도록 상대방에게 나의 힘을 보여주는 것을 뜻한다. 일상생활에서 활용할 수 있는 공격력은 다음과 같은 것들이다.

- 나의 기분을 언짢게 만든 사람에게 기분 나쁘다고 명확하게 표현하는 것
- 원하는 것을 정중하면서도 당당하게 요구하는 것

- 더 편한 인생을 살기 위해 매 순간에 최선을 다하는 것 등

이와 같은 행동을 좀 더 자주 시도하면 당신의 공격력은 높아질 것이고, 평소 어렵다고 생각해 시도하길 주저하던 행동들이 조금 더 쉬워질 것이다.

그렇다면 수비력은 어떤 능력을 말하는가? 상대가 나에게 펀치를 날려오는 즉, 나에게 상처를 줌으로써 주저앉게 만드는 행동들에 대해 겁먹지 않는 것이다.

- 남에게 미움받는 것
- 나를 싫어하는 사람들로부터 비난받아 보는 것
- 원치 않는 상대의 부탁과 제안을 거절할 수 있는 것 등

쉽게 말해 공격력을 기르기 위해선 많이 때려봐야 하고 수비력을 기르기 위해선 역시나 많이 맞아봐야 한다. 한두 번 싫은 소리 해보고 들어본 사람보다 일이 백 번 해본 사람이 인생을 더욱 거침없이, 남 눈치 보지 않고 본인의 욕망대로 살아갈 수 있다. 그만한 맷집이 생겼기에 별 타격이 없기 때문이다.

실제로 유튜브 영상과 컨설팅으로 많은 여성들에게 복싱과 같은 격투기 종목을 추천하기도 했다. 실제로 팔을 뻗어 주먹을

날리고 상대방의 주먹을 맞아보는 경험이야말로, 공격력과 수비력을 가장 빠르게 기를 수 있기 때문이다. 대학에서 체육교육을 전공하고 심신 일원론心身 一元論을 믿는 나로서는 몸이 강해지면 마음도 강해진다는 믿음은 평생 가져갈 듯싶다.

일부 여성들은 말한다. 자신의 기분을 나쁘게 한 사람에게 기분 나쁘다는 표현을 하기가 어렵다고. 묻고 싶다. 복싱에서 상대방에게 펀치를 맞았는데 당신은 펀치를 왜 날리지 못하는 것인가? 나보다 강한 상대인 것 같아서? 진짜 강한지 아닌지는 나도 한번 주먹을 날려봐야 알 수 있지 않을까? 설령 나보다 강한 상대일지라도 그 시합이 끝나기 전까지는 최선을 다해 싸워봐야 자신에게 당당할 수 있지 않을까?

또 다른 여성들은 말한다. 남들에게 미움받는 게 두렵고 싫은 소리를 회피하고 싶어서 애초에 아무 말과 행동도 하지 않는다고. 다시 한번 묻고 싶다. 누군가 당신의 얼굴에 주먹을 날리려고 다가올 때 맞는 것이 두려워 링 코너에 웅크려 앉아 있을 것인가? 혹은 더 창피하게 등을 보이며 도망만 다닐 것인가? 내가 먼저 주먹을 날려보고 상대의 펀치보다 빠르게 가드를 올려보자. 킥복싱이든 무에타이든 무엇이든 좋으니 지금 바로 당신을 강하게 만들어 줄 체육관으로 달려가길 바란다.

STAGE 2

담보

절대적인 자기 확신 갖기

01

자신을 '공주'라고 믿어라

◇　　타인에게 받는 예쁨보다 자신의 욕망이 더 중요하고, 그 욕망을 찾아내 실현하는 것이 당신이 행복해지는 지름길이라고 앞서 설명하였다. 여기까지 읽은 당신은 아마 이렇게 생각하고 있을 것이다.

'지금보다 더 나은 삶을 원해. 이 열정과 의지를 어떻게 오랫동안 지속시키고 효율적으로 목표를 이룰 수 있을까? 그 과정에서 나는 더 매력적인 사람이 되고 싶고, 사람들로부터 인정받고 대접받고 싶은데 어떻게 해야 할까?'

이때 당신이 가장 먼저 해야 할 일은 '나는 나의 욕망을 이뤄 행복할 자격이 있는 사람'이라는 인식을 하는 것, 즉 스스로를 귀한 사람이라고 여기는 것이다. 내가 나를 귀하게 여기지 않으면 절대로 타인 또한 나를 소중하게 여기지 않는다는 건 이미 널리 알려진 사실이다.

물건을 예시로 들어보겠다. 도서관에서 빌려 온 책의 상태에 따라 내가 그 책을 얼마나 소중히 다루는지가 달라질 수 있다는 것을 느낀 경험이 있다. 책 표지가 지저분하며 중간중간 페이지가 훼손되어 있고 밑줄이 여기저기 그어져 있는 책은 나도 모르게 덜 아껴 보게 된다. 반면, 어디 하나 구겨진 곳이 없거나 밑줄이 전혀 그어져 있지 않을 정도로 깨끗하게 관리된 책은 나 또한 이전 사람들과 같이 소중히 다뤄야 할 것 같은 의무감이 든다. 책에 대한 나의 태도도 이전 대여자들이 어떻게 다루었는지에 따라 달라지는데 사람에 대한 태도는 오죽할까?

이와 같은 이유에서라도 스스로를 남에게 '정성스럽게 대해야 하는 사람'이란 인식을 줄 필요성이 있다. 나아가 남들이 나를 함부로 대하는 일에 그냥 넘어가거나 익숙해지지 말아야 한다. 그러한 상황에서 당신이 적절한 대응을 하지 않으면 당신을 그래도 되는 사람이라고 생각하고 계속 함부로 대하게 된다. 표지가 찢어진 책이 있다면 '도서관 관리자는 왜 이 책을 관리하지 않았을까? 관리를 포기할 정도로 이 책은 가치가 없는 것인가?'라는 생각이 들어 조심히 다루지 않게 되는 것처럼 말이다.

남들로부터 존중받지 못하다는 느낌이 든다면 그 원인을 남의 탓으로만 돌릴 수는 없다. 나의 평판과 분위기는 내가 만들어 나가는 것이기 때문이다. 이것의 시작은 나를 사랑하는 것이다. 이렇게 사랑스러운 나를 누군가 함부로 대하는 것을 예민하게 받아들일 수 있을 정도로 말이다.

'나를 사랑하자'라는 말을 수없이 들어온 우리지만 정작 나를 어떻게 사랑해야 하는지 모르는 경우가 의외로 많다. 지금부터 스스로를 사랑하는 방법을 하나씩 배워보자.

먼저 모든 일에는 강한 동기가 필요하다. 방법론 이전에 더욱 중요한 건 바로 '나는 사랑받을 만한 사람'이라고 믿는 것이다. 개인적으로 직관적인 표현을 좋아하므로 그러한 표현을 사용해 보면 속으로 '나는 공주다'라고 생각하는 것이 도움될 것이다. 공주라는 표현이 자신에게 너무 어리다고 생각되면 '나는 여왕이다'라고 되뇌자. 일명 '나 공주', '나 여왕' 방법이다.

이 인식을 강화시킬 수 있는 행동방안에는 무엇이 있을까? 그 행동이 인식을 강화시키고, 강화된 인식이 다시 그 행동을 더 오랫동안 유지할 수 있게 만들어주는 원동력이 될 것이다. 즉 인식을 강화시키기 위한 행동들이 곧 방법론이기도 하다.

먼저, 되고 싶은 이미지를 구체화시키자. 당신이 생각하는 공주 또는 여왕, 즉 우아하고 상냥하지만 결코 함부로 대할 수 없는 분위기를 뿜으며 어디에서든 대접받는 여자의 이미지는 어떠한가? 보통 비슷한 이미지가 머릿속에 떠오를 것이다.

그것을 두루뭉술한 형상으로 인식하는 것에 그치지 말고 구체적이고 명확하게 표현해보자. 그리고 자신만의 키워드를 머릿속에 입력시켜도 좋고, 한 문장을 되뇌어 갖추고 싶은 애티튜드를 습관으로 만들어보는 것도 좋다.

성격이 급해 말이 빠른 사람이라면 '나긋나긋'이라는 의태어를 포스트잇에 적어 책상 앞에 붙여두거나, 안절부절하는 모습으로 타인이 나를 쉽게 보는 것을 고치고 싶다면 '여유로운 ○○'와 같이 자신의 이름 앞에 원하는 형용사를 붙여 습관화되도록 인식시켜도 좋다. 조금 더 구체적인 이미지화를 원한다면 문장을 활용해도 좋다.

나 같은 경우는 엄마가 강조하시는 태도가 있었는데 이를 함축적으로 나타내주는 문장으로 만들어 이따금씩 노트에 적곤 한다.

"겸손하되 비굴하지 않게, 당당하되 오만하지 않게."

겸손해야 하는 상황에서 이 문장을 떠올리면 자칫 비굴해 보일 수 있는 태도를 막을 수 있고, 당당함이 지나쳐 오만하게 보일 수 있는 실수를 방지할 수 있다.

이처럼 당신만의 단어 또는 문장을 월별 또는 분기별로 정해 습관으로 가져간다면 어느새 원하는 방향 모습의 당신이 되어 있으리라 확신한다. 이제부터는 본격적으로 '나 공주' 인식을 강화시키기 위한 방법들을 하나씩 알아보자.

02

나를 먼저 대접하라

✧　　자신의 몸을 대하는 태도는 곧 지금 이 순간의 나를 대하는 태도와도 같다. 나아가 나의 전반적인 삶, 그리고 세상을 마주하는 자세이기도 하다. 꼿꼿하고 바른 자태를 지니자. 처져 있는 어깨와 구부정한 등은 자신감 없는 인상을 주어 상대방에게 신뢰를 줄 수 없으며, 매사에 소극적일 것 같아 당신을 함께하고 싶지 않은 사람으로 만들어 버릴 수 있다.

남에게 비쳐지는 것보다 더욱 중요한 건 이러한 자세가 나의 자존감에도 영향을 미친다는 점이다. 누군가에게 힘을 내라고 말할 때 "어깨 쫙 펴고 기운 내!"라고 말하는 것처럼 말이다. 그러므로 타인에게 보이는 이미지 차이에서 비롯된 것이든 바른 자세를 취했을 때 결론적으로 더 괜찮은 내가 된 것이니 이 글을 읽는 지금부터 여왕 자세를 유지하자. 실제로 올바른 자세를 갖기 위해 요가, 필라테스, 발레 등을 시작했다는 여성들은 단순히 몸선이 곧아진 걸 넘어서 남에게 굽히는 태도가 아닌 당당한 자세를 자연스레 취하게 되어 조금 더 자신감 있는 자신이 되었다는 경험담을 들려주곤 했다.

그렇다면 여왕 자세란 무엇일까? 일단 누군가가 나를 위에서 당기고 있다는 생각으로 머리부터 발끝까지 길게 쭉 뻗는 느낌을 가져보자. 어깨는 최대한 귀와 멀어지게 아래로 당기고 배는 쏙 집어넣은 상태에서 허리는 항상 곧은 자세를 취하는 것이다. 마지막으로 자세만큼 중요한 것이 시선 처리다. 턱을 아주 살짝 위로 든 상태로 정면을 응시하기. 그 누구 앞이라도, 그 어떤 상황이 닥치더라도 당당하면서도 우아하게 나를 지키겠다는 마음가짐, 너무 멋지지 않은가?

이러한 자세가 몸에 배게 된다면 멈춰 있는 자세뿐만 아니라 걸음걸이 또한 저절로 사람들의 시선을 끌어모을 것이다. 어디를 가든 세련된 실루엣이 당신을 따라다니길 바란다.

관리된 외모는 기본이다

여기서 '관리된'이라는 뜻은 바비인형과 같이 큰 눈망울과 오똑한 코, 날렵한 브이라인에 큼지막한 대문자 에스라인의 몸매를 뜻하는 것이 결코 아니다.

관심을 갖고 손질하지 않으면 지저분해 보일 수 있는 것들을 매 순간 깔끔하게 정돈된 상태를 유지하는 것을 뜻한다. 기본적인 것으로는 청결과 관련된 부분이다. 두피에 비듬이 있지는 않는지, 손톱에 때가 끼어 있지는 않은지, 식사 후에 치아 사이에 음식물이 끼진 않았는지 등이 예가 될 수 있다.

신체의 많은 부위가 더욱 드러나기 쉬운 여름에는 팔꿈치와 발뒤꿈치에 각질이 올라와 있거나 굳은살이 배어 있지는 않은지 주의해야 한다. 쉽게 소홀할 수 있는 부분일수록 그 사람이 진정 자기관리를 잘하는 사람인지 아닌지를 판단할 수 있으므로 '누가 이런 것까지 신경 쓰겠어?'라고 생각되는 부분에 더욱 집중하자. 누군가는 이렇게 말할 수 있다.

'외모 관리로 어떻게 내면을 관리할 수 있다는 것이지?'

외모 관리에는 부지런함이 필요하다. 바로 그 정성이 당신의 인생을 조금씩 바꿔줄 것이다. 요즘 나의 소소한 취미는 바로 '셀프 네일'이다. 손쉽게 구할 수 있는 미용도구들로 손톱에 모양을 내고 영양제 매니큐어를 바른다. 손톱이 예쁘니 그에 걸맞은 예쁜 손을 갖고 싶어 손등에 핸드크림을 듬뿍 발라준다. 그러면 손의 보습에만 신경 쓰는 것이 아닌 몸 전체에 로션을 바르게되고, 로션을 바르다 보면 자연스럽게 몸에 관심이 가 로션을 더욱 정성껏 발라주고픈 몸매를 갖고 싶은 욕심이 생긴다.

이에 따라 더욱 열심히 운동을 하게 되고 땀을 흘리면서 피부가 좋아지는 걸 느낀다. 그러면 또다시 나의 모든 신체를 관리하고 싶은 욕심이 들며 나날이 예뻐지는 거울 속 내 모습을 보면서자아도취감을 이따금씩 느끼게 된다. 작은 변화로 인생을 바꿀수 있는 선순환이 시작되는 것이다. 내가 나를 이렇게 사랑하고아껴주는데 누가 함부로 대하게 놔둘 수 있겠는가? 당신의 몸에작은 정성을 들이는 것부터 시작해보자. 그때 느끼는 기분이 바로 '내가 나를 대접하는' 기분일 것이다.

나를 귀찮게 만들자

대학생 시절의 에피소드다. 가장 좋아하는 여자 교수님께 진로상담을 드리기 위해 연구실에 찾아뵌 적이 있었다. 밥을 먹었냐는 교수님 질문에 아직 먹지 못했다고 말씀드리니 같이 컵라면을 먹자고 말씀하시며 전기포트에 물을 넣어 끓이기 시작하셨다. 라면이 다 익어 젓가락을 넣어 먹으려는데 교수님께서 잠깐만 기다리라며 내가 먹으려던 컵라면을 예쁜 무늬의 그릇에 담아주시며 말씀하셨다.

"라면 하나를 먹더라도 그릇에 담아 먹어. 굳이 컵라면을 먹는데 그렇게까지 해야 하냐고 생각하는 거 다 알아. 귀찮다고 생각하는 일일수록 너를 대접하는 일이라고 생각하면 인생이 우아해질 거란다. 설령 너 혼자 있더라도 말이야."

우리는 SNS를 통해 남들에게 나의 일상을 그럴듯하게 보이기 위해 연출력을 발휘하곤 한다. 친구들과 밥을 먹는 도중 이 순간을 사진으로 남기기 위해 최대한 보기 좋게 그릇의 위치를 재배열하거나 지저분한 휴지를 치워버린 적은 누구나 한 번쯤은 있을 것이다.

이렇게 남에게 예쁜 모습을 보이고자 노력을 기울이면서 왜 정작 본인에게는 그런 성의를 보이지 않는 것일까? 아무도 보지 않는다고 생각할 수 있지만 사실 내가 나의 행동을 보고 있지 않은가? 혼자 밥을 먹을 때 각각의 반찬을 그릇마다 꺼내 덜어 먹으면 설거지하기가 귀찮으니 한곳에 모아서 먹는다든지, 나 말고 다른 사람이 볼 일 없는 속옷을 대충 위아래로 맞춰 입지 않는다든지 말이다. 이처럼 귀찮고 번거로우니 최대한 간단하게,

아무도 보는 사람이 없으니 자신을 대충대충 대하는 일은 일상 속에서 쉽게 찾아볼 수 있다.

　나를 존중할 줄 아는 여자는 '귀찮아서', '어차피', '대충'이란 말을 절대 사용하지 않는다. 저런 언어습관을 가지고 있다면 지금부터라도 고치도록 하자. 귀찮게 살자. 그 부지런함이 당신의 자존감과 인생의 수준을 높여줄 것이다.

03

자신만의 담보가 필요한 이유

◇　'담보'라는 말을 들어본 적이 있는가? 사전적인 정의는 다음과 같다.

'불이익에 대한 보전이며 바로 위기 속 상황에서 내가 나를 지켜줄 수 있는 효력 있는 힘.'

이를 바탕으로 앞으로 이 책에서는 담보를 다음과 같이 정의하려 한다.

'자신에 대한 긍정적 인식을 오랫동안 굳게 지속시키기 위해서 스스로가 납득할 만한 근거.'

담보가 있으면 당신은 그 담보를 직접적으로 순간마다 활용하지 않더라도 감정적으로 든든함을 느낄 것이고, 이런 안정감을 근거 있는 자신감으로 삼아 어떠한 상황에서도 눈치 보지 않고 당당하게 행동할 수 있다. 만약 예상치 못한 위기가 닥친다고 하더라도 그간 쌓아둔 담보가 실제적으로 당신을 지켜줄 것이다. 그리고 그 담보가 크면 클수록 즉, 자신감을 오랫동안 탄탄히 쌓아 왔을수록 위기의 난이도가 높아져도 끄떡없을 것이다.

상상해보자. 다음 달 예상되는 생활비가 100만 원이다. 이때 현재 당신 계좌에 딱 100만 원이 남아 있을 때와 1억이 남아 있을 때의 기분은 완전히 다를 것이다. 1억 원이 있다면 9900만 원을 지금 당장 쓸 일이 없다고 하더라도 만일의 상황을 대비할 수 있다는 안정감과 '이만큼 열심히 돈을 모았다니 대단해'라고 느끼며 스스로에 대한 긍정적 인식이 강화될 것이다.

만약 담보가 없는 상황이라면? 예측하지 못한 불행을 언제 어떻게 마주할지 모르므로 항상 긴장하며 불안할 것이다. 또한 자존감을 높이기 어려우며 인간관계에서도 결코 우위를 점할 수 없을 것이다.

힘이 없어 보이는 약자를 대접해주는 사람보다 무시하는 사람이 훨씬 많은 것은 슬픈 사실이자 냉혹한 현실이다. 즉, 당신이 경험한 대부분의 불행은 불행한 상황 자체가 아닌 불행한 상황에 스스로를 지킬 힘이 없어 타인에게 의지하게 된다는 것에서 시작된다.

당신이 힘들고 행복하지 않았던 시절을 떠올려보면 불행한 원인을 발생시킨 공통점들이 있을 것이다. 현재 다니고 있는 직장에서 받는 연봉과 대우가 마음에 들지 않아 이직하고 싶은데 더 좋은 곳으로 이직할 수 있는 능력이 되지 않아 억지로 다니거나, 남자친구가 나를 소중하게 대하지 않는 것 같아 헤어지고 싶은데 또 다른 사람을 만날 수 있을지 확신이 들지 않아 참으면서 만나는 등 이와 비슷한 사례는 무수히 많다.

공통점은 '만족스럽지 않은 상황이라는 것을 잘 알고 있음에도 그 상황보다 더 나은 상황이 존재하지 않을 수 있다'는 불확실함 때문에 변화를 위한 도전을 망설이고 있다는 것이다. 더 정확히 말하면 그 불확실함을 확실함으로 바꿀 용기가 없는 것이다.

용기가 없는 이유는? 담보가 없으니까. 미래의 일을 예측하기 위해서는 과거의 데이터들이 필요한데 그 데이터값들이 중간에 포기하거나 노력 부족으로 인한 실패로 입력되어 있다면 미래를 바꿀 수 있다는 희망이 잘 보이지 않으니 기대값이 낮아 용기를 내기 어려운 것이다.

이때 우리가 해야 할 일은 앞으로 만들어갈 데이터값을 긍정적인 데이터값으로 바꾸는 것이다. 한마디로 담보를 하나둘씩 차근차근 만들어 나가는 것이다. 이것이 결국 그토록 우리가 원하던 인생의 모든 것(내가 잘할 수 있는 일을 찾아 즐겁게 일하는 것, 큰 돈을 벌어 자유로운 삶을 만끽하는 것, 매력적인 여자가 되어 멋진 남성과 행복한 연애를 하는 것)의 출발점이다. 많은 이들이 공통적으로 묻는 질문에 대한 만능 답변도 될 수 있다.

"어떻게 하면 자존감을 높일 수 있죠?"

"매력 있는 여자가 되고 싶은데 어떤 것부터 준비하면 될까요?"

"남자친구가 저를 더 좋아하게 만들고 싶은데 비법이 있을까요?"

인생을 바꾸는 데에는 거창한 방법이 필요한 게 아니다. 이미 당신도 다 알고 있다. 마치 "다이어트 성공하는 법이 궁금해요", "영어회화 잘하려면 뭐하면 돼요?"라는 질문의 답을 이미 알고 있으면서도 혹시 더 간편한 방법이 있을 수 있다는 기대감으로 획기적인 방법을 찾아 헤매는 것처럼 말이다. 그건 마치 더 빠르고 쉽게 길을 건너기 위해 무단 횡단을 하는 것과 같다. 이미 알지 않는가. 조금 더 빨리 그곳에 도착하기 위한 방법이 오히려 그곳에 영영 도착할 수 없는 방법이 될 수 있다는 것을.

담보가 많아지면 선택의 폭이 넓어진다

매번 연애가 너무 어렵다는 여성 A씨가 한숨을 쉬며 나에게 말했다.

"항상 제 연애는 남자가 저를 좋아해 주면서 시작되었어요. 정확히 말하면 제가 먼저 누군가를 좋아해서 그 사람이 저를 좋아하게 만들 용기가 없어서 제가 좋다고 말하는 남자들 중에서 그나마 괜찮은 사람을 만나곤 했었죠. 생각해보면 자존감이 낮았던 것 같아요. 저한테 잘해주는 것 자체에 항상 고마움을 느꼈거든요."

내가 물었다.

"나에게 잘해주는 사람에게 고마움을 느끼고 표현하는 건 바람직한 관계를 유지하는데 필요한 거 아닐까요?"

그녀는 대답했다.

"맞아요. 하지만 저를 좋아해주는 것에 고마운 것이라기보다 저를 떠나지 않아주는 것에 고마움을 느꼈어요. 이 남자가 아니면 제 상황에서 더 괜찮은 남자를 만날 수 있다는 자신이 없었거든요. 그러다 보니 모든 걸 그에게 맞추기 시작했어요. 전 그걸 잘해주는 것이라고, 나를 떠나지 않게 만드는 노력이라고 생각했지만 착각이었죠."

여자는 자신의 배려로 관계가 더욱 돈독해질 것이라고 생각했지만 정반대였다. 남자는 자신을 배려하는 그녀에게 고마움을 느꼈지만, 어느새부터 자신의 의견 없이 눈치만 보는 그녀를 만만하게 대하기 시작했고 그녀는 그의 행동에 점점 더 깊은 상처를 받게 되었다.

더욱 문제인 것은 분명 그녀 또한 이 상황이 잘못된 것임을 깨닫고 '나는 너의 그런 점 때문에 기분이 좋지 않아. 앞으로는 이런 식으로 행동해주면 좋겠어'라고 표현하고 자존감을 회복하고 싶지만 그렇게 말하면 그가 떠나 이런 사람을 두 번 다시 만나지 못할까봐 참고 있었다는 점이다. 남자는 이런 여자에게 더 이상의 가치를 느끼지 않아 더욱 잘해줄 필요성을 느끼지 못하고, 여자는 점차 처음에 그랬던 것처럼 자신을 사랑해달라며 애원하고 집착하기 시작한다. 이렇게 악순환은 반복된다.

이 에피소드를 꺼낸 이유는 누구의 잘잘못을 따지기 위함이 아니다. 애초부터 둘의 성격이 너무 맞지 않거나 연애에 대한 태도가 달라서 생긴 문제일 수도 있다. 다만 여기서 말하고 싶은 건 여자가 스스로에 대한 담보를 갖추고자 노력했더라면 당시 남자친구와의 관계는 물론이고, 앞으로의 연애에서도 더욱 편안한 마음을 가질 수 있었을 것이라는 것이다. 이 남자와 헤어져도 또 다른 방식으로 행복하게 살 수 있다는 그런 마음가짐. 그렇게 담보의 중요성을 다시 한번 더 강조하고 싶다.

그녀는 '이 남자보다 더 괜찮은 남자를 만날 수 있을까?'라는 자신감 또는 희망이 없기에 이 관계에서 을이 될 수밖에 없던 것이다. 왜 더 나은 사람을 만날 수 없다고 단정 짓는 것일까? 그 원인이 무엇인지 밝히고 노력해서 하나씩 담보를 점차 갖추면 되지 않을까? 현재 당신의 어떤 점이 자기 자신을 자신감 없는 여자로 만드는지 묻자, 그녀는 답했다.

"저는 우선 제 외모에 자신이 없어요. 우울할 때 먹는 걸로 스트레스를 풀다보니 어느새 몸무게가 10kg가 늘어나 있더라고요. 거울 속 모습이 마음에 들지 않으니 남자 앞에 서면 주눅이 들어요. 그리고 이런 생각이 들죠. '이런 나를 누가 만나줄까?'"

이때 우리가 해야 할 일은 나조차 마음에 들지 않는 모습을 사랑해줄 남자를 찾는 것이 아니고, 체중 감량을 통해 스스로가 먼저 만족할 수 있는 이미지를 갖추어 만날 수 있는 남자의 기준 자체를 높이는 것이다. 만약 이 남자친구를 만나는 동안 다이어트를 시작해 스스로 외모에 대한 만족도가 올라간다면 남자친구와 관계를 정리하고 싶을 때 느끼는 망설임이 조금은 줄어들지 않았을까? 내가 만날 수 있는 수준의 남자는 지금 남자 수준보다 높아졌을 테니. 당신은 이전보다 더 자유로운 삶을 살 수 있을 것이다.

한번 상상해보자. 현재 당신의 상황(A)이 지금보다 훨씬 더 좋은 상황(B)으로 바뀐다면 A일 때 선택한 행동들을 B일 때에도 선택할까? 어떠한 상황이 와도 나를 사랑해줄 수 있다는 믿음이 있다면 절대 이전과 같은 선택을 하지 않을 것이다. 삶을 선택할 수 있는 폭이 넓어지고 기준 또한 높아졌기 때문이다.

그렇다면 선택지를 넓히기 위해 어떤 행동을 해야 할까? 바로 더 좋은 상황 B로 가기 위한 조건들을 갖추면 된다. 오늘이 즐겁고 내일이 기대되며, 어디를 가든 근사한 사람들과 어울릴 수 있는 그런 여자가 되면 된다.

지금 다니고 있는 회사의 직무와 연봉이 마음에 들지 않는다면?

→ 더 좋은 조건의 회사로 이직하라. 그러려면?

다른 회사로 스카우트될 수 있는 커리어와 관련된 담보가 있어야 할 것이다.

지금 연락하고 있는 남자에게 답장이 안 온다면?

→ 그 남자를 잊어버리고 새로운 남자를 만나라. 그러려면?

더 멋진 다른 남자에게 어필될 수 있는 매력적인 담보가 있어야지.

지금 사귀고 있는 남자친구가 나를 소중하게 대하지 않는다면?

→ 당장 헤어지고 나를 소중히 여기는 사람을 찾아 떠나라. 그러려면?

저 남자가 사라져도 빠른 시간에 내 인생을 다시 즐길 수 있는 환경적 담보가 있어야지. 몰입할 수 있는 일이라든지, 편안한 환경을 누릴 수 있게 도와주는 여윳돈이라든지, 나에게 위로를 건네줄 마음 맞는 친구들이라든지.

커리어적인 담보, 외모적 담보, 환경적인 담보들을 갖추려면 지금 당장 어떤 행동을 해야 하는지 종이에 적어 계획해보자. 이 것들을 실천해 이루면 당신은 전혀 새로운 세계를 열 수 있다. 성취 과정에서 자존감이 높아지는 건 덤으로 가져가시길.

04

담보를 만드는 방법

◇　우리는 항상 지름길을 원한다. '운동과 식단관리 없이 한 달에 5kg 감량하는 방법'과 같이 인내와 고통이 동반되지 않은 성공을 원하기도 하고 '책 한 권으로 영어 회화 정복하기'처럼 아주 약간의 노력만으로 빠른 향상을 바라기도 한다. 이는 다이어트와 영어공부가 만년 새해 목표가 되는 이유이기도 하다. '자존감 높이기', '나를 사랑하기'와 같은 주제의 자기계발서가 끊임없이 나오는 것을 보면 담보를 만드는 방법 또한 이와 다른 게 없지 않을까 싶다.

특정한 방법이 있는 것이 아닌 성실함을 병행한 정도正道만이 정답일 것이다. 다이어트 성공 방법은 적게 먹고 많이 움직이기,

영어회화 실력 향상 방법은 꾸준하게 그리고 자주 영어를 듣고 읽고 말하고 쓰는 것이다. 자존감을 높이는 방법도 이 방법들과 크게 다르지 않다. 그리고 왠지 모를 피로감과 부담감을 주는 자존감이라는 단어보다는 앞으로 '자기 확신'이란 비교적 직관적인 단어를 사용해 설명해보려고 한다. 자기 확신을 갖추는 방법은 간단하다.

당신의 어제가 뿌듯하고(루틴 만들기), 오늘이 즐거우며(성취감 느끼기), 내일이 기대되면 된다(새로운 세상 열기).

이런 나날들로 인생이 채워진다면 당신이 앞으로 겪을 어려움은 더 이상 아무것도 아닐 것이다.

반복되는 일상 속 루틴을 만들어라

만족스러운 인생을 살기 위해선 만족도를 높여주는 일을 더하는 방법과(보상 강화) 만족도를 낮추는 일을 빼는 방법(처벌 제거)이 있다. 전자를 이야기하기 이전에 후자에 대해서 이야기해보겠다. 우울함, 무기력함, 남과의 비교, 불안함 등 불행한 감정을 느껴 인생의 만족도가 낮아지는 이유 중 하나는 행동보다 생각이 너무 앞서기 때문이다. 그 생각 중 절반 이상은 크게 도움 되지 않는 어쩌면 쓸데없는 생각일 수도 있다. 제한된 에너지(시간, 감정 등)를 효율적으로 사용하기 위해선 일차적으로 불필요한 곳에 에너지를 사용하지 말아야 한다. 이때 필요한 것이 바로 루틴이다.

스포츠 심리학에서 사용되는 '운동 수행 루틴'이란 용어가 있다. 최상의 퍼포먼스를 발휘하기 위해 경기 전 또는 경기 도중 자신만의 일련의 동작을 순서대로 진행하는 것을 뜻한다.

고등학생 농구부 동아리 활동을 하던 시절 나 역시 마찬가지로 운동 수행 루틴이 있었다. 자유투 또는 3점슛 전에 숨을 한 번 크게 들이마시고 내쉰 후 농구공 로고가 나의 정면을 향해 보이게 공을 잡은 뒤 바닥에 세 번 튕기고 바로 슛을 쏘는 것이었다. 이 루틴을 수행하면 수행하지 않을 때보다 성공률이 훨씬 높았다. 별것 아닌 듯이 보이는 루틴이 나에게 어떤 긍정적 영향을 미치는지 생각해보니 내린 결론은 다음과 같았다.

첫째, 긴장감을 해소시키고 집중력을 높여준다.

정해진 순서의 동작을 실행하는데 집중하며 생각의 에너지를 모두 사용하므로 '못 넣으면 어쩌지?', '오늘 컨디션이 왠지 안 좋은 거 같은데 실수하진 않겠지?'와 같은 쓸데없는 생각이 들지 못하도록 의도할 수 있다.

둘째, 성취 경험을 통한 자신감을 높여준다.

'호흡 다음에 농구공 로고가 보이게 공을 잡은 다음에 바닥에 세 번 튕긴 후 공을 던지면 이 공은 농구 골대에 완벽하게 들어간다'는 이전 성취 경험에 대한 믿음을 근거로 수행에 필요한 자신감을 얻을 수 있다. 이 자신감을 밑바탕으로 그동안 연습으로 쌓은 실력을 모두 발휘할 수 있다.

셋째, 계획에 차질이 생겼을 때 재빠르게 대처할 수 있다.

농구공을 던지기 전에 불가피한 상황으로 호흡을 한 번 고르는 것을 생략하고 공을 바닥에 튕기게 되었다고 가정해보자. 이때 나만의 정해진 틀인 루틴이 있기에 여기서 벗어난 것을 재빠르게 인지하고 원래 순서로 돌아와 혼란을 방지할 수 있다.

이러한 루틴의 효과가 얼마나 인생에 도움이 되는지를 깨달았기에 일상생활에도 적용시키기 시작했다. 레미장센 컨설팅 사업에 한창 몰두하던 시기에 공유 오피스 출근 후 루틴은 다음과 같았다.

사무실로 들어가 방에 있는 전등을 켜고 책상 위의 스탠드 전

등을 켠다. 사무실 내 창문을 열어 환기를 시킨 후 컴퓨터 전원을 켠다. 그 다음 오피스 개수대로 나가서 전날 쓴 물컵을 닦고 그 옆에 놓인 티백을 따뜻한 물에 우리기 시작한다. 티백이 우려지는 약 3분을 활용해 간단한 스트레칭을 한다. 3분이 지났으면 티백을 쓰레기통에 버리고, 따뜻한 차가 담긴 컵을 다시 내 사무실로 가져와 책상 위에 올려둔 뒤 약 5분 간 명상을 시작한다. 그런 다음 인터넷 창을 켜 가장 먼저 이메일함을 열어본 후 일기예보를 확인한다. 항상 똑같은 음악을 틀어놓은 다음 오늘 할 일을 다이어리에 시간 순서대로 적어나간다. 그리고 이 모든 수행 루틴을 마치면 다이어리에 적힌 오늘의 계획에 따라 그대로 실행한다.

이 실행과정 또한 아침 수행 루틴과 마찬가지로 사소하면서도 굉장히 촘촘하다. 출퇴근 시간이 매일 똑같은 건 말할 것도 없고 점심을 먹는 시간, 운동을 가는 시간 심지어 집중력이 흐트러질까봐 무음으로 설정해놓은 휴대폰을 확인하는 시간까지 정해져 있었다. 그 누가 봐도 자기 확신이 없을 수 없는 삶이었다.

당시와 비교해 지금은 루틴의 순서 및 내용에 변화가 생겼지만 나만의 루틴으로 매일 자기 확신을 쌓아나가는 건 여전한 사실이다. 나의 하루, 1시간, 1분이 너무나도 귀하고 소중하므로 허투루 날리고 싶지 않기 때문이다. 당신은 당신만의 루틴이 있는가? 마음의 의지보다 당신의 몸이 먼저 기억하는 루틴을 만들어 자기 확신을 쌓아나가길 바란다.

소소하지만 확실한 성취를 느껴라

소확행, 소소하지만 확실한 행복이란 뜻으로 누구나 한번쯤 들어봤을 법한 단어이다. 소설가 하루키는 행복을 '갓 구운 빵을 손으로 찢어 먹는 것, 서랍 안에 반듯하게 접어 넣은 속옷이 잔뜩 쌓여 있는 것, 새로 산 정결한 면 냄새가 풍기는 하얀 셔츠를 머리에서부터 뒤집어쓸 때의 기분' 등으로 표현했다. 성취도 이와 다르지 않다. 작지만 확실하게 내가 이룰 수 있는 것부터 시작해야 한다.

자기 확신을 높이기 위한 목적 또는 자신을 브랜딩하기 위한 목적으로 많은 여성분들이 컨설팅 의뢰를 해주셨는데 그때마다 나의 첫 질문은 다음과 같았다. "최근 1년간의 성취 경험을 말씀해 주시겠어요?" 이때, "저는 이룬 게 거의 없어요. 하고 싶은 의지는 굴뚝같은데 몸이 잘 따라주지 않아요. 한두 번 하고 나서는 안 하게 돼요. 그러다보니 도전하고 싶은 열정도 점차 사라지는 것 같고요. 이럴 땐 어떻게 해야 할까요? 실행력을 기르는 방법이 무엇이 있을까요?"라는 답변이 꽤나 많았다.

실행력을 높이는 방법은 다양하다. 초반의 강한 의지를 지속시켜줄 수 있도록 나와 비슷한 목표를 지닌 집단으로 들어가 나태해질 때마다 동기 부여를 받는 방법이 있다. 또, 벌금 내기와 같이 계획을 지키지 못했을 때 하고 싶지 않은 행동을 의무적으로 해야 하는 환경을 설정할 수도 있다. 혹은 내가 왜 이걸 이루고 싶어 하는지 명확한 이유를 찾는 것도 중요한 방법이다.

그러나 방법론에 앞서 '학습된 무기력'에 빠진 건 아닌 것인지를 먼저 확인해봐야 한다. 학습된 무기력이란 계속해서 실패하는 경험에 노출되어 아무리 노력을 해도 안 될 것이라는 생각에 발목이 묶여 새로운 시도를 하는 것이 망설여지고 무기력한 상태를 뜻한다.

이때 우리에게 필요한 것은 "넌 분명 잘할 수 있어. 지금 너가 많이 지쳐 있는 것 같으니까 푹 쉬어봐"와 같은 당근도, "남들은 다 해내는 일을 너라고 못하리란 이유는 없잖아? 다시 한번 시도해봐"와 같은 채찍도 아니다. 내가 확실하게 성공할 수 있을 것 같은 일에 도전하는 것이다. 학습된 무기력에서 벗어나기 위해 필요한 주요개념은 2가지다.

- 통제 가능한 영역과 불가능한 영역을 확실히 구분해 통제 가능

한 범위 내에서 단계별로 도전하는 것

- 결과가 아닌 과정에 목표를 세워 실패 원인을 스스로가 개선할 수 있게 설정하는 것

다시 한번 농구를 예로 들어보겠다. 교생실습 과정 중 여학생들에게 농구를 가르친 경험이 있다. 보통의 여학생들은 체육 시간에 스포츠를 배우는 것에 큰 흥미를 보이지 않는다. 즐거움을 경험해본 것이 적을 뿐더러 어차피 해봤자 안 될 것이라고 생각하기 때문이다. 그리하여 나의 교수법은 다음과 같았다.

우선 불가능해 보이는 목표인 '3점슛 10개 중 8개 이상 넣기'가 아닌 '골대로부터 1m 떨어진 곳에서 5개 중 2개 넣기'와 같이 '어? 저건 한번 해볼 만한데?'의 도전의식을 불러일으킬 수 있는 학습과제를 제시하는 것이다.

그 다음에는 학습내용 중 평가요소로 '몇 번의 슛을 성공했는지'만이 아닌 '얼마큼 슛 폼을 제대로 익혔는지'를 포함하는 것이었다. 만약 학생이 다섯 번의 슛 중 한 번도 성공하지 못했을지라도 슛 폼에서의 실패 원인을 찾아낼 수 있기에 결과가 아닌 과정에서 자신의 문제점을 발견할 것이다. 발전시킬 수 있는 영역이라는 생각이 든다면 자연스럽게 시도해보고 싶은 마음이 들 것이고 말이다. 나의 예상대로 학생들은 이 과정에서 재미를 느

겼다고 말해주었으며 그 수업을 통해 농구를 취미로 가져가게 되었다는 학생의 소식 또한 추후에 접할 수 있었다.

당신의 성공 목록의 질quality을 높여나가기 이전에 양quantity을 늘려 나가보자. 사실 성공에서 좋은 질과 나쁜 질이 어디 있겠는가? '이 성취 경험은 정말 훌륭한 담보가 될 거야'와 같이 스스로가 의미를 부여하기 나름일 텐데.

새로운 세계를 열어라

재수생 때의 일이었다. 당시 노량진 학원가에서 새벽 수업반을 들으며 우울한 하루를 시작하였던 어느 3월, 친한 고등학교 친구들은 원하는 대학에 합격해 새로 산 화려한 옷으로 멋을 내며 신촌과 대학로를 누비고 다닌 반면 나는 단조로운 무채색 옷을 입고 모두가 무표정으로 다니는 노량진 학원가를 걸으며 좌절감을 느끼고 있었다. 이러한 무력감을 달랠 수 있는 건 매일 새벽에 시작하는 언어 수업에서의 강사님 입담이었다. 이른 시간 학생들의 출석률을 높이기 위한 것인지 혹은 웃음기 하나 없는 수험생들에게 미소를 만들어주기 위해서였는지는 모르겠지만 강사님은 중간중간 유머를 활용해 학생들을 웃겨주셨고 나의 일상에서도 유일하게 웃을 수 있는 시간이었다.

그러던 6월 어느 날, 평소와 다르게 진지한 표정으로 이야기를 시작하셨다.

"현재 너희들은 좁디좁은 책상과 의자에 몸을 구겨 넣은 채로 앉아 인생과 전혀 연관 없어 보이는 언어 지문을 읽는 자신의 모습에 자괴감을 느낄 수도 있을 거야. 그리고 언제까지 이 지긋지긋한 수험생활을 반복해야 하는지 모를 불안함이 더욱 너희의 가슴을 무겁게 짓누르고 있겠지. 그러나 기억해라, 비록 지금은 콘크리트 벽으로 둘러싸인 강의실에 있지만 너희들의 세계는 지금 이 세계가 전부가 아니란 것을. 지금 꿈꾸는 대학 생활 장면부터 사회로 나아가 당당히 자리하고 싶은 위치까지 모두 이룰 수 있다는 것을. 그걸 이루고 또다시 느껴보길 바란다. 매 순간 새로운 세계를 열 수 있단 것을. 그걸 한번 느끼게 되는 순간부터 인생이 재밌어질 거다."

모의고사를 치른 뒤 원하는 점수가 나오지 않아 침울해하는 학생들에게 동기 부여를 해주기 위한 뻔한 멘트였을 수도 있다. 또 이런 동기 부여라면 노량진 어느 학원, 어느 강사에게 들어도 비슷한, 특별히 감흥이 오지 않는 내용일 수도 있었다. 그러나 그 순간, 이상하리만큼 나에겐 전율로 다가와 당시 펼쳐져 있던

교재 한구석에 가장 인상 깊은 문구를 적어놓았다.

'새로운 세계를 열 수 있다!'

긍정적인 의미 부여를 잘하는 태도 때문이었을까? 그때부터 인생이 기대되기 시작했다. 단순히 원하는 대학에 진학하는 것만이 아닌 캠퍼스 잔디밭에 삼삼오오 둘러앉아 막걸리를 마시는 청춘의 낭만을 즐기고 싶었고, 다양한 대외활동에 도전해 소중한 인맥과 자부심 있는 스펙을 쌓아나가고 싶었다.

그렇게 대학생이 되어 재수생 때 상상했던 장면을 하나둘씩 이뤄나가보니 조금 더 욕심이 생기기 시작했다. 뭐든 다 잘하는 사람이 되고 싶었다. 장학금과 아르바이트로 매 학기 등록금을 스스로 충당하는 경제적 자립심을 갖고 싶었고, 교내 신문에 나의 전공을 소개하는 칼럼이 실려 있는 장면, 주도적으로 멤버를 구해 팀을 꾸려 토론 대회에 나가 상을 받는 장면, 전공 수업 리포트를 훌륭하게 작성해 좋아하는 교수님께 인정받는 장면처럼 지적 호기심을 계속해서 충족해 나가고도 싶었다.

또 꾸준한 운동과 철저한 식단관리로 어떤 옷을 입든 자신감 있는 옷태를 자랑하고 다니고 싶었고, 잘하는 스포츠를 하나 배워서 대회에 나가 메달을 목에 걸고 싶었다. 물론 가슴 뛰게 만드는 연애도 놓칠 수 없었다. 다이어리에 시험 기간을 표시해놓는 것보다 각 대학별 축제 기간을 색깔별로 구분해 표시해놓는 것이 더 중요했을 정도로 마음이 맞는 친구들과 한껏 멋을 부린 후 이곳저곳 캠퍼스를 누비며 여대에서 접할 수 없는 설렘을 즐기기도 하였다. 결과적으로 앞에서 언급한 것들을 대학생 때 모두 이루게 되었다. 소소하지만 확실한 성취감을 바탕으로 계속해서 하고 싶은 게 많아지고, 새로운 세계를 열 수 있다는 자신감이 생겼다. 그렇게 나의 세계는 점차 넓어지며 다양해져만 갔다.

물론 매 순간이 항상 희망차고 긍정적이었던 것은 아니다. 새로운 세계는커녕 한 치 앞도 알 수 없어 불안감과 슬픔에 휩싸이는 순간도 적지 않았다. 모든 걸 내걸고 준비했던 시험에 떨어졌던 순간, 너무나도 좋아했던 남자친구와 헤어져야만 했던 순간 등등.

그러나 이제 와서 돌이켜 보면 그때 나를 정말 힘들게 했던 건 지난 시간에 대한 애도뿐만이 아닌 실체 없는 두려움이었다.

'이제 나는 어떤 일을 새롭게 도전해야 하는 걸까?'

'그 사람을 좋아했던 것만큼 새로운 사람을 좋아할 수 있을까?'

'지금 이런 절망적인 상황이 계속되면 어떻게 하지?'

그때마다 메타(페이스북) COO인 셰릴 샌드버그Sheryl Sandberg의《린인Lean In》에서 그녀의 말을 떠올린다.

"두렵지 않다면 무엇을 하겠는가?"

이 한 문장은 어두컴컴한 길목에 한줄기 빛을 향해 한걸음 내딛을 수 있도록 해주었다. 여기서의 두려움은 새로운 세계를 열 수 없을 것 같은 두려움. 아니, 어쩌면 새로운 세계가 없을 수도 있다는 두려움일 것이다.

그러나 그 두려움의 원인은 당신이 안전지대 밖으로 나오고 싶어 하지 않기 때문이다. 당신의 세계가 그 안전지대 오직 하나인 건 위험하다. 이 세계가 무너지면 또 다른 세계로 피신할 수 있는 곳이 있어야 한다. 담보의 일종인 피신처가 있다는 사실만으로도 당신은 당당한 태도를 가질 수 있다.

지금의 세계가 전부가 아니다. 이걸 몸소 느끼기 위해서는 새로운 환경에 본인을 의도적으로 두어야 한다. 인생을 바꾸고 싶다면 의지 말고 환경을 바꾸자. 매일 아침 눈뜨면 새로운 세계를 열어나갈 수 있는 기회가 주어지는데 이걸 모르고 살기엔 본인의 잠재력에게 너무 미안하지 않을까? 다시 한번 말하지만 당신은 매 순간 새로운 세계를 열 수 있다.

05

외로움을 즐기는 방법

✧　　20대는 항상 불안하고 공허한 시기다. 외로움이 싫어서 친구들을 만나 시끌벅적하게 어울려보고 낯선 장소에 가서 처음 보는 사람들과 맥주 한잔을 앞에 두고 어울려보기도 했지만, 집 으로 가는 길에는 다시 외로움이 찾아왔고 오히려 허무함까지 느껴져 그 외로움이 더욱 증폭되곤 했었다. 심지어 남자친구가 생겼다고 해서 외로움이 완전히 사라질 수 있다는 게 아니란 걸 알게 되었을 땐 충격을 받기도 했다. 친구들 또한 비슷한 이야기 를 털어놓곤 했다.

"언제 남자친구한테 연락이 올까?"

"남자친구와 자주 만나는데도 왜 가끔씩은 외로운 걸까?"

그때 깨달았다. 누가 옆에 있다고 외로움이 사라지는 게 아니라는 것을. 스스로 외로움을 즐기는 법을 터득해야 하는 것을.

비단 연애를 잘하기 위한 것뿐만 아닌 인간관계에 적당한 거리감을 유지하며 상처받지 않기 위한 첫걸음은 바로 외로움을 즐길 줄 아는 것이다. '혼자'라는 단어에는 꼭 '부정적인 외로움 loneliness'만이 있는 게 아닌 '긍정적인 고독함solitude' 또한 존재한다.

이 글을 읽는 독자들 중에 SNS를 통해 타인의 일상을 보는 것에 중독되어 있거나 친구들 틈 속에서만 안정감을 찾는 사람이 있다면 그들에게 추천하고 싶은 여행이 있다. 나 홀로 기차 여행이다. 되도록이면 사람이 없는 평일이나 시간대로 당일치기로 다녀올 수 있는 역으로 가는 티켓을 끊는 것이다. KTX보다 천천히 가는 무궁화호를 권하는데 그 이유는 혼자 사색할 수 있는 기회를 더 오랫동안 제공하기 때문이다.

펜과 메모지를 챙겨 떠오르는 모든 영감을 적어보자. 지난날에 대한 반성과 성찰도 좋고, 앞으로 어떻게 살아가야 할지 근본적인 고민을 이 순간만은 맘껏 털어놓자. 그리고 가장 중요한 건 당신을 시도 때도 없이 방해하는 스마트폰을 잠시 꺼두는 것이다. 여행 내내 끄는 걸 추천하지만 그게 어렵다면 적어도 기차에 있을 때만이라도 오롯이 혼자만의 시간을 갖자.

도착하면 역 근처를 어슬렁어슬렁 거닐며 그동안 바쁜 나날들에 치여 관찰하지 못했던 사소한 것들을 관찰해보자. 밥을 먹을 때에도 스마트폰으로 길을 찾거나 맛집을 검색해서 최선의 선택을 내리려 하기보다는 걷다가 맛있어 보이는 곳에 들어가는 새로운 도전을 시도해보자. 음식이 입맛에 맞을 수도 혹은 맞지 않을 수도 있지만 이때만큼은 효율성을 잊어버리자. 이 순간만큼은 '난 지금 혼자 기차여행을 왔다, 나를 알아가는 중이다, 이곳은 어디고 나는 누구인가'와 같은 멘트와 함께 셀카를 찍어 올리고 싶은 충동이 들어도 참자. 그렇게 점심이나 저녁 한 끼 먹고 산책 좀 하다가 다시 집으로 가는 무궁화호를 타고 돌아오는 코스다.

조금 더 여건이 된다면 근처 게스트하우스에서 하루를 묵고 오자. 가능한 모르는 사람들과 함께. 게스트든 그곳 사장님든 자연스러운 대화를 나누며 나와 타인, 세상을 알아가는 시간을 가져보자. 이게 끝이다. 간단하지 않은가?

만약 당신이 외로움을 즐기는 법을 아직까지 잘 모르는 것 같다면 이 짧은 여행조차 결코 쉽지 않을 것이다. 순간순간 SNS를 통해서 남들은 뭐 하는지 확인하고 싶고, 친구들과 메신저를 통해 수다를 떨고 싶을 것이다. 그러나 이걸 명심하자. 혼자 있을 때 행복한 사람만이 남들과 함께 어울릴 때 훨씬 더 행복해질 수 있다.

자신과의 데이트를 즐겨라

'남자친구와 같이 있을 때는 든든하고 충만한 기분인데 헤어지고 돌아가는 길에는 다시 공허해진다.' 혹은 '남자친구로부터 갑자기 일이 생겼다며 만나지 못할 것 같다는 말을 들어 너무 외롭고 뭘 할지 모르겠다.' 이와 같은 기분을 느껴본 적이 있는 사람이라면 이 부분을 집중해서 읽어보도록 하자. 왜 자신의 존재를 남자친구와 함께 있을 때 찾는 것일까? 남자친구와 데이트를 하기 위해 한껏 꾸미고 준비하는데 시간을 보내면서, 왜 나와의 데이트를 위해서는 아무런 준비를 하지 않는 것일까?

컨설팅에서 많은 여성분들이 묻는다.

"나를 사랑하라는 말이 너무나도 필요하고 좋은 말인 건 알겠어요. 그런데 어떻게 나를 사랑하라는 걸까요? 신녀성님은 신녀성님을 어떻게 사랑해 주시나요?"

방금 그대가 답을 말했다. 내'가' 나'를' 바라보는 인식의 틀을 가지면 된다. 내가 주체가 됨과 동시에 대상이 되는 것 즉, 나를 대상화시키는 것이다. 실제 예시를 들어보겠다. 나는 내 자신과 데이트를 즐길 줄 아는 사람이다(이 말은 '혼자만의 시간을 즐길 줄 안다'와 같은 뜻이지만 대상화 개념을 이해하기 쉽도록 위와 같이 적었다).

매번 생일날 나에게 편지를 쓰고 선물을 사준다. 편지의 내용 또한 타인에게 쓰는 것처럼 "녀성아! 생일 축하해. 여태 건강하게 살아와줘서 정말 고마워"라고 적는다. 내가 나에게 쓴 편지에 감동받아 눈물을 흘릴 때도 아주 가끔이지만 있긴 하다. 이걸 읽는 누군가는 '너무 이상한 거 아냐? 나르시시즘Narcissism이 있기라도 한 거야?'라고 생각할 수도 있다. 그런데 그게 뭐 어떤가? 내가 나를 아껴주는 장면까지 타인의 시선으로 검열하는 태도부터 버려야 한다.

같은 일기를 쓰더라도 나의 이름을 부르고 오늘 느낀 감정은 어땠는지 물어봐주고 공감과 위로를 해준다면 내 자신과 친해진 느낌이 한층 더 강해질 것이다. 우리가 어떤 친구와 얼마큼 친한 사이인지를 기준 삼는 것은 요새 어떤 감정으로 지내고 있는지 낱낱이 알고 있는 '신속성'과 그 친구의 표정만 봐도 어떤 기분인줄 파악할 수 있는 '정확성'이다. 이런 측면에서 당신은 당신과 친하다고 생각하는가? 편지를 넘어선 선물 또한 내가 갖고 싶은 물건을 갖는다는 소유의 접근법이 아닌 내가 나에게 수고했다는 의미의 보상이라고 생각해보자. 그러면 다음에도 또 나에게 좋은 선물을 전해주고 싶어 열심히 살게 될 것이다.

이외에도 매년 12월 달에는 올해 나이의 아름다움을 남기기 위해 프로필 사진을 촬영한다. 최고의 모습으로 촬영하기 위해 한 달가량 전부터 다이어트를 강행하며 어떤 옷을 입을지, 헤어스타일링과 메이크업은 어떤 분위기의 콘셉트를 정할지와 같은 나를 꾸미는 재미에 1년의 1/12을 보내는 것이다. 가장 잘 나온 사진은 인화해서 액자로 걸어두는 것도 내 모습에 익숙해지고 나와 친해지는, 나를 사랑하는 방법이 될 수 있다.

특별한 날은 본인의 생일이 아니어도 의미 부여를 통해 만들 수 있다. 매 분기의 마지막 주말에 호캉스를 가거나 한 달의 마지막 날에 마사지 또는 네일아트를 받는 걸 즐김으로써 내가 나를 대접해주는 것에 익숙해지는 것도 좋은 방법이다.

꼭 소비를 통한 데이트만 있는 건 아니다. 창밖으로 해가 지는 모습을 바라보며 감성을 충만하게 만들어주는 클래식을 듣는 것도, 서늘한 밤공기를 마시며 집 근처 공원을 산책하는 것도 모두 자신과의 데이트다. 기억하자. 가장 소중한 친구는 언제까지 옆에 있어줄지 모르는 친구나 남자친구가 아닌 내 안에 있는 영원한 나 자신이란 것을.

연애에 있어 남자친구가 당신이 자신과의 데이트를 즐길 줄 아는 여자란 걸 알게 되면 당신을 더 소중하게 대해주는 건 덤이다. 입장 바꿔 생각해보자. 나랑 있을 때만 행복해 보이는 남자에게 매력을 느끼는가? 아니면 혼자 있을 때에도 행복을 즐길 줄 아는 남자에게 더 매력을 느끼고 그의 옆에서 함께 행복하고 싶은가? 답은 뻔하다. 그러니 자신과의 데이트를 꼭 시도해보자.

외로움을 즐길 줄 알게 되면 당신은 훨씬 더 단단하고 안정적인 사람이 되어 있을 것이다. 그것이 바로 내가 대학생 때 방학마다 기차 여행을 혼자 떠났던 목표이기도 하다. 그 덕에 나는 외로움을 충분히 즐길 줄 알고, 지금도 나와의 데이트를 잊지 않고 있다.

마지막으로 중요한 깨달음을 하나 공유하고 싶다. 내가 외롭거나 힘들 때 남에게 기대서 의존하려고 하면 꼭 상처를 입게 된다. 힘들 때 친구나 남자친구에게 기대고 싶은데, 기대했던 것만큼 반응이 오지 않으면 안 그래도 서운한 마음에 더 크게 실망하게 된다. 그들은 내가 원하는 형태와 깊이의 위로를 해줄 수가 없기 때문이다. 그건 그들의 능력 문제가 아닌 나 자신의 마음가짐과 태도 때문이다. 상대는 최선을 다했음에도 당신의 실망스러운 반응에 관계가 더 나빠질 가능성도 있다.

외롭고 힘들 땐 남에게 무작정 기대기보단 자신을 먼저 달래주는 연습을 해보자. 그러고 나면 남에게 무턱대고 의존하는 것에서 벗어나 건강하게 의지할 수 있는 능력을 가질 수 있게 될 것이다. 나 홀로 여행을 즐길 줄 아는 사람은 정말 매력적이다. 혼자서도 인생을 행복하게 살 수 있는 사람은 남과 더불어 사는 인생 또한 감사하고 최선을 다하므로 그 누구여도 함께하고 싶은 사람일 것이다. 당신도 그런 사람이 되고 싶지 않은가?

06

나를 발전시켜줄 사람들은
어디에서 찾을 수 있을까?

◇　'근묵자흑近墨者黑', '맹모삼천지교孟母三遷之教', '유유상종類類相從', '가재는 게 편' 등과 같은 사자성어와 속담의 공통점은 무엇일까? 그건 바로 주변 환경이 개인에게 미치는 영향이 크기에 그곳에 속한 환경과 어울리는 사람의 중요성을 의미하고, 결론적으로는 비슷한 수준의 사람들끼리 모이게 된다는 점이다.

　나 또한 그 뜻에 동의하기에 사람들이 "어떻게 하면 인생을 더 잘 살 수 있죠?"란 물음에 욕망 파악 다음으로 머무는 환경과 만나는 사람을 바꾸라고 대답한다. 당신이 욕망하는 삶을 살고 있는 그 사람들의 환경에서 살아보는 것, 이것이 인생의 수준을 한 단계 발전시키는 가장 효과적인 방법이다.

의식하지 않아서 그렇지 우리는 이미 삶을 발전시키기 위해 많은 환경을 스스로 변화시켜왔다. 대학생 시절, 취업 준비에 필요한 자격증을 빠르게 취득하기 위해 나만큼 또는 나보다 열심히 할 팀원들과 함께 스터디를 꾸리고, 꾸준히 운동할 의지를 다지기 위해 옆에서 이끌어주는 사람들이 있는 동호회에 나간 경험도 있을 것이다.

요즘은 얼굴 한번 본 적도, 볼 일도 없는 관계에서 개인정보를 주고받지 않더라도 서로의 목표가 같으면 온라인상에서 빠르게 그룹을 형성해 나가기도 한다. 아침 일찍 일어나기 위해 약속한 시간에 일어났는지 인증하는 사진을 올리는 것부터 함께 읽기로 한 책을 끝까지 읽고 독후감을 작성했는지를 공유하는 모임 등이 예가 될 수 있다.

이러한 행위는 단순히 목표하는 것에 대한 정보 공유를 넘어 '다들 열심히 사네? 나만 여태 안일하게 살았던 것인가? 조금 더 분발해서 더 빠르게 성공해야지'와 같은 긍정적 비교 의식을 통해 동기 부여가 된다.

나 또한 집이나 개인 사무실이 아닌 여러 사람들과 함께 공간을 이용하는 이른바 '공유 오피스'를 이용한 경험이 있다. 편안하게 혼자 사용할 수 있는 공간을 놔두고 군이 남들과 함께 이용하는 이유는 무엇일까? 첫 번째 이유는 앞서 언급한 긍정적 비교 의식을 통해 분발할 수 있는 환경이기에 선택한 것이고, 두 번째 이유는 내가 필요로 하는 분야에서 나보다 더 나은 사람을 만날 확률을 높이기 위한 것이다.

내가 머물렀던 공유 오피스에는 주로 1인 기업을 운영하는 사람 또는 이제 막 시작한 스타트업 멤버들이 많았다는 점을 알고 있었고, 나와 비슷한 상황에 놓여 있는 사람들과 교류하며 더 많은 정보와 긍정적 자극을 원했기에 이러한 인맥을 쌓고자 이곳에 일부러 발을 들였던 것이다. 목표했던 바와 같이 그런 사람들과 안면을 트기 시작해 지금은 그들로부터 많은 도움을 받고 있다.

어디를 가면 나보다 더 나은 사람들을 만날 수 있는지에 대한 이야기를 하기 전에 '왜 당신이 좋은 곳에 머무르고, 당신보다 나은 사람들과 어울려야 하는지'에 대해 말하고 싶다. 이유에 대해서는 누구나 어렴풋이 또는 직관적으로 알고 있겠지만, 예시를 통해 구체적으로 알아보자.

1. 직접적인 인맥을 통해 시간과 돈을 아낄 수 있다.

어쩌면 가장 쉽게 떠올릴 수 있는 이유다. 여기 당신이 필요로 하는 서비스가 있다. 그런데 어떤 서비스가 품질이 좋은 것인지 구별해내기 위해서는 충분한 시간이 필요하고, 품질 좋은 서비스는 당연히 가격이 높을 것이다.

피부 관리를 받고 싶어 괜찮은 피부과를 알아보려는 당신, 검색을 통해 다양한 후기를 참고할 수 있다. 그러나 만약 피부 관리에 도가 튼 친구에게 좋은 곳을 추천받는다면 어떨까? 까다로운 성향을 충족시킬 만큼 실력이 입증된 곳이니 만큼 검색에 시간을 아낄 수 있을 것이다. 또는 아는 사람 소개로 왔기에 할인을 받거나, 조금 더 양질의 서비스를 제공받을 수도 있다.

크게 중요하지 않은 정보가 아니라면 웹서핑을 통해 알 수 있겠지만, 신중함을 기해야 하는 것이라면 이 분야에 대한 경험이 있거나 전문가를 많이 알고 있는 사람에게 묻는 것이 낫지 않을까?

나 역시 인맥을 통해 시간과 돈을 아낀 경험이 있다. 앞서 언급한 공유 오피스에서 일하며 나와 비슷한 위치 및 목표를 가진 사람들을 만나 인맥을 쌓을 수 있었다. 나와 비슷한 나이대로 보이면서도 자리가 가까워 오가다 인사를 자주 주고받는 한 대표님이 계셨다. 사업 경험이 풍부해 보이는 그녀에게 자연스럽게 인사를 나누다 한번은 말을 건넸다.

"대표님은 여기서 어떤 일을 하고 계시나요? 항상 늦게까지 일하시는 걸 보면 많이 바빠 보이는데 일이 많으신 것 같아요."

그녀는 웃으며 답했다.

"하고 싶은 일이 많아요. 지금 준비하고 있는 사업이 있는데 정부 지원을 통해 조금 더 수월하게 갈 수 있는 방법을 알아내서 신청서를 준비하고 있는 중이거든요."

자세히 이야기를 들어보니 내가 하는 사업 또한 정부에서 청년 창업을 장려하기 위한 프로그램에 지원할 수 있다는 사실을 알게 되었고 그 정보 덕분에 돌아갈 수 있는 길을 지름길로 갈 수 있었다. 결과적으로 시간뿐만 아니라 돈도 아낄 수 있었다. 이처럼 귀인은 당신의 인생을 효율적으로 살 수 있도록 도와준다. '이 정도면 열심히 사는 거겠지?'란 생각이 멋쩍어질 만큼 동기 부여까지도.

2. 감정적 낭비가 없을 확률이 높다.

당신이 더 높은 곳으로 올라가고자 노력할 때 주변 사람들의 반응은 보통 어떠한가? 응원하고 격려해주는 친구들도 있을 것이다. 하지만 적지 않은 사람들이 '감정적 낭비'를 경험한다고 말한다. 같은 무리에 있는 사람들이 당신이 더 높은 곳으로 올라가려는 것을 원하지 않고 방해하는 경험으로 인해 스트레스를 받게 되었다는 이야기를 심심치 않게 들을 수 있었다. 일부에서는 이런 태도를 '크랩 멘탈리티crab mentality(자신이 가질 수 없으면 아무도 가질 수 없게 만드는 행동을 묘사한 이론으로 게들이 양동이 안에 들어 있을 때 서로가 올라가지 못하도록 끌어내리는 행동 습성에서부터 유래되었다)'라는 심리적 기제로 보기도 한다. 실제로 몇몇 여성들은 이와 같은 경험을 나에게 털어놓았다.

"친구들이 제 노력 혹은 성과에 대해 깎아내리고 뒤에서 좋지 않은 말을 늘어놓는다는 것을 처음 알았을 때 너무 당황스러웠어요. 예를 들어 제가 새로운 부업을 시작한다고 했을 때 '그게 얼마나 힘든 일인 줄 알아? 내가 아는 다른 친구도 시도해봤는데 어려워서 금방 포기했다더라. 그러니 괜히 시간 낭비하지 마'라고 얘기하거나, 이번에 목표했던 체중 감량에 성공했다고 하자 '금방 빠진 살은 또다시 금방 다시 돌아오게 되어 있다'며 조언 아닌 조언을 해주는데 어떻게 반응을 해야 할지 모르겠더라고요. 그런 말을 자주 들으니 어느새 더 발전하려는 모습을 보이지 않으려고 애쓰고, 심지어 저의 성취를 숨기거나 노력을 과소평가하게 된 적도 종종 있었어요."

그녀는 실망스러운 표정으로 말을 이어나갔다.

"당연히 모든 친구들이 그렇지는 않았어요. 그런데 제가 또 다른 사실에 놀랐던 건 말이죠, 저보다 뛰어난 수준의 친구들이 있는 집단에서는 이런 일이 거의 일어나지 않는다는 거예요. 그들이 보기에 저는 아직 더 위로 올라가야 할 일이 많이 남았기 때문이 아닐까 싶어요. 각자가 이루고 싶은 목표가 있고 그를 이루기 위해 걸맞은 노력을 하고 있기 때문에 그 친구들은 제 마음이 어떤지 십분 공감해주기도 했어요. 점점 더 열심히 하고 싶은 마음도 생기고 한계선도 높아지는 것 같아 저는 그곳에 계속 머물고 싶어지더라고요."

누군가에게 조언을 듣길 원한다면 혹은 그 조언이 들을 만한지 아닌지를 판단을 할 때는 최소한 그 조언에 대한 내용을 실제로 실행해본 사람인지를 먼저 확인해보는 것을 추천한다. 그렇지 않은 사람이 당신의 꿈에 대해서 함부로 평가해 기분이 언짢았더라도 크게 상처받지 않기를 바란다.

3. 분위기에 스며들어 그들의 취향과 삶의 양식, 애티튜드를 체화할 수 있다.

이것이 가장 중요한 이유이다. 당신이 계속 접하고 싶은 분위기를 느끼고 내 것으로 만들기 위해서는 실제 그곳에 머물며 오감으로 체험하고 받아들여야 한다. 이것만으로도 당신에게 큰 변화를 일으킬 수 있는데 그 환경 속 사람과 실제로 교류할 수 있다면 얼마나 더 큰 인사이트를 느낄 수 있는지 상상이 가능한가?

'당신과 가장 교류를 많이 하는 3명의 평균이 당신의 수준이다'와 같은 말이 있듯이 필연적으로 가장 가까이하는 사람과 닮아갈 수밖에 없다. 그래서 외부 환경의 영향을 많이 받는 유아 시기나 초등학교 입학을 앞두고 많은 학부모들이 학구열이 높은 강남 8학군으로 이사 가려고 하는 게 아닐까? 이와 비슷한 이유로, 많은 수험생이 명문대 입학을 꿈꾸는 것이 아닐까?

고등학생 때 아빠는 나에게 이렇게 말씀하셨다.

"왜 사람들이 좋은 대학을 가고 싶어 하고, 또 좋은 대학 나온 사람들을 선호하는 줄 아니?" 나는 당연한 듯 대답했다.

"높은 수준의 수업을 들을 수 있고, 그 수업을 받은 사람이 더 똑똑한 사람이란 걸 쉽게 알 수 있어서 그런 게 아닌가요?"

아빠는 웃으며 답해주셨다.

"물론 그것도 맞는 말이야. 하지만 더욱 중요한 건 네가 대학 시절 4년 동안 보고 배우고 느끼는 것들에 따라 앞으로 인생에 대한 기준과 수준이 달라지기 때문이지. 그들은 자신의 전공 공부에 더 많은 시간을 쏟아부을 확률이 높아. 외국으로 교환학생을 간다든지, 어학연수를 가는 등의 필요성도 훨씬 더 많이 느껴 다양한 활동에 적극적일 거고."

아빠의 답변에 궁금증이 들었다.

"그러면 그 대학을 졸업한 후에도 차이가 있을까요?"

이어서 답변해 주셨다.

"누구나 다 명문대를 가고 싶어 하는 이유는 아무나 그 대학에 들어갈 수 없기 때문이야. 그래서 그곳에 속하고 싶은 거야. 그 그룹에 속했다는 것 자체가 자신에게 상위 레벨만의 특성이 있다는 것을 증명하는 셈이지. 그래서 그들끼리 모이는 일명 '끼리 끼리'의 문화가 만들어지고, 그 문화에 익숙한 사람과의 교류가 더 편하니까 학연이 생기는 걸 테고."

당시 아빠의 생각에 약간의 반발심이 든 것도 사실이었다. 그때까지만 하더라도 '학연, 지연, 혈연'과 같은 것들은 정당하지 못하다고 여겼으니까. 대학을 졸업하고 사회생활을 어느 정도 해본 뒤에 느낀 점은 그것이 정당하든 정당하지 못하든 나의 출신과 소속은 생각보다 큰 파워를 발휘하였고, 직접 드러내지는 않지만 암묵적으로 동의한다는 듯 서로가 더 좋은 곳에 속하기 위해 각자의 위치에서 부단히 노력하고 있었다.

그렇다면 내가 어디에 소속했는지가 곧 나의 수준을 대변해주는 것일까? 어느 정도 레벨에 속해야지 '꽤 괜찮은 사람'처럼 보이는 것이며 또 그곳에 속하기 위한 방법은 무엇일까?

조금은 무리해서라도 좋은 곳에 일단 진입하자

우리는 모두 자신이 남들과 다른 특별한 존재이길 원하고 그

것을 은연중에 드러내고 싶어 한다. 그 특별함은 우월함과 관련이 있다. 그래서 명문 대학을 졸업하길 원하고 연봉이 높거나 복지가 잘 되어 있는 직장에 다니고 싶어 하며, 집값이 비싼 아파트가 모여 있는 동네에 살며 그들만의 리그, 이너서클inner circle에 속해 자부심을 느끼고 싶어 한다. 그런 뒤 다른 집단과의 격차를 실감하고 더욱 큰 차이를 만들기 위해 구분 짓기를 멈추지 않는다. 즉, 아무나 갈 수 있는 곳은 이미 상위 집단이 아니라는 의미다.

"저보다 괜찮은 사람들이 있는 곳에 가고 싶은데 어디로 가야 해요?"라는 질문에 대답은 각 개인의 상황과 목표에 따라 천차만별로 달라질 수 있지만 이것 하나만큼은 확실하다.

"지금 당장 쉽게 들어갈 수 있는 곳만 아니면 돼요."

그렇다고 이미 지나간 과거를 바꿀 수는 없다. 다시 대입을 준비하거나 무작정 이직을 한다거나, 뜻도 없는 자격증이나 면허증을 딸 수도 없는 노릇이다. 내가 통제 가능한 변수의 범위가 어느 정도인지를 명확하게 파악한 후에 그중에서 가장 큰 변화를 일으킬 수 있는 것부터 시작해보자.

약 1년 전, 인생을 바꾸고 싶다며 대학생 A양이 나를 찾아왔다. 그녀의 나이는 이제 21살로 대학교 2학년이었지만 대학에서 얻을 수 없는 경험을 하고 싶어 한 기업의 인턴을 지원했다고 한다. 만약 합격하게 된다면 학교는 잠시 휴학하고 집에서 회사까지 통근을 하며 일을 배울 계획이라며, 지금 이런 상황에서 무엇을 변화시키면 더 나은 여자의 인생을 살 수 있는지 물었다.

내가 추천한 것은 "자아성찰을 위한 다양한 동호회 활동, 나 홀로 고독을 즐기기 위해 떠나는 여행, 나에게 가장 잘 어울리는 스타일 연구 그리고 함께 성장할 수 있는 야망 있는 남자친구와의 연애 등 무수히 많았지만 가장 강력하게 추천한 것은 바로 서울, 그것도 강남에서 살아보라"는 것이었다.

거주 형태는 개인의 취향과 형편에 따라 정할 수 있다. 꼭 오피스텔, 빌라가 아니더라도 요즘은 쉐어하우스 시스템이 잘 되어 있어 안전하면서도, 경제적으로도 큰 장점이 있다. 그녀의 회사가 강남에 위치해 있었기에 4시간이 넘게 걸리는 출퇴근 시간을 아낄 수 있다는 장점도 있었지만, 그 이유가 아니더라도 강남에 살아보는 방법을 추천했을 것이다. 물론 그녀 또한 그곳에서의 생활을 꿈꿔 왔다는 이유도 한몫했기에 권할 수 있었다. 그렇다면 나는 왜 그녀에게 강남에서 살아보라고 했던 것일까? 그이유를 나의 독립생활 경험담을 들려주는 것으로 답변을 대신해보고자 한다.

20대 끝자락에 다다랐을 때 어린 시절부터 꿈꿔온 독립을 더이상 미룰 수 없어 여기저기 집을 알아보러 다녔다. 당시 대학원

생 신분이었기에 월세가 너무 비싸지 않으면서도 학교와 멀지 않은 곳 위주로 발품을 팔고 다녔는데 문득 이런 생각이 들었다.

'인생을 바꿔 나가기에 최적의 시기인 지금, 돈과 시간을 아끼는 것만이 옳은 것일까? 더 멀리 봤을 때 나에게 가장 도움이 되는 선택은 무엇일까?'

재수를 결심했을 때 다니던 대학을 휴학하지 않고 자퇴했던 경험이 있는 만큼 배수진을 쳐야 모든 걸 내걸 수 있는 나란 걸 너무나도 잘 알고 있었다. 학교 근처에 위치한 오피스텔 중 가장 신축이면서 다른 곳에 비해 월세가 높은 곳에서 독립생활을 시작하기로 결정했다. 만약 누군가가 왜 그곳을 택했냐고 물으면 다음과 같은 이유를 말했을 것이다. 지하철역과 가깝고 주변에 문화생활을 즐길 곳들이 많으며 아침마다 한강으로 조깅을 갈 수 있는 거리 등이 있다고. 그러나 진짜 나의 속마음은 이러했다.

'가장 높은 곳에서 시작해 여기보다 밑으로 내려가지 못하도록 스스로 의무장치를 만들어놓고 싶었어요.'

여기서 '높은 곳'의 의미란 높은 층수와 높은 월세도 해당되지만 진정한 뜻은 다음과 같다.

'내가 여기에서도 살 수 있을 만한 능력을 갖춘 사람이구나' 라는 스스로에 대한 기대감. 앞서 언급한 개념처럼 '새로운 세계를 열 수 있는 사람이구나'란 자신감도 포함될 것이다.

이런 과감한 결정을 내리게 될 수 있던 이유는 좋은 곳에 머무르는 것에 대한 가치가 얼마나 큰 것인지 알고 있던 것도 있지만, 이미 나에 대한 담보가 있었기 때문이기도 하다. 내가 한 달에 200만 원을 버는 상황에서 월세 50만 원이 아닌 150만 원의 오피스텔을 선택했다고 가정해보자. 그렇다면 나라는 사람은 남은 50만 원을 아껴가며 생활하는 것이 아닌 '어떻게 하면 100만 원을 더 벌 수 있을까?'를 연구하고 실천할 사람이라는 걸 알고 있었다. 그 동력은 월세 150만 원 오피스텔에 살면서 느낄 수 있는 영감과 스스로가 만든 의미 부여 속 절실함에서 나오는 것일 테고 말이다. 다행히 나와 성향이 비슷했던 A양은 내가 예상했던 것 이상으로 강남에서의 생활에 만족했으며 그곳에서만 느낄 수 있는 깨달음으로 삶의 지름길을 발견했다고 말했다.

　이번에는 스스로의 의미 부여를 넘어서서 실제 존재하는 긍정적 작용에 대한 이야기를 해보겠다. 얼마 전 만난 친구 A의 실제 경험담이다. 재력가 남편과 결혼한 후 반포동에 위치한 아파트에 살고 있는 그녀, 얼마 전 직장을 그만둔 뒤 새로운 인맥을 어디서 찾아야 하나 고민이 많았는데 의외로 가장 만족도가 높은 곳은 아파트 내 커뮤니티 시설이었다고 말했다.

　"이곳의 정보력이 얼마나 좋은지 나도 깜짝 놀랐다니까? '남편에게 어떤 요리를 해줘야 건강에 좋고, 아이는 어떤 영어 유치원을 보내는 게 좋다'와 같은 내조 관련된 건 물론이고, 앞으로 어디 지역이 재개발될 확률이 높으니 그곳의 땅을 사둬야 한다는 등 돈 주고서도 들을 수 없는 정보와 노하우들이 여기에 다 모여 있더라고."

그녀는 좋은 정보를 주고받을 수 있는 인맥을 얻었을 뿐만 아니라 삶의 전반적인 시야가 달라졌다고 말했다.

"처음에는 동네에서 제일 좋은 아파트에서 누릴 수 있는 골프장, 수영장의 커뮤니티 시설 및 조식서비스와 같은 인프라를 이용할 수 있어서 좋겠다고 생각했어. 그런데 그건 하나의 형식에 불과하고 정말 도움이 되는 건 그곳에서만 만날 수 있는 사람들이더라고. 소위 말하는 '강남 사모님'들이 어떠한 취향을 갖고 있고 어떤 안목으로 결정을 내리는지를 직접 옆에서 보고 배울 수 있다랄까? 한편으론 이런 생각도 들었어. '이런 곳이 있을 줄은 상상도 못했던 시절이 있었던 만큼 이곳을 뛰어넘는 또 다른 세상이 있지 않을까? 그곳에 올라가려면 난 어떤 걸 준비해야 하지?'라고 말이야."

나는 지금 '우리 모두는 어떻게든 무리해서 좋은 곳에 살아야 한다'를 말하고 싶은 게 아니다. 돈을 아껴 저축을 하고 투자를 통해 더 큰 돈을 버는 것 또한 중요하지만, 자신을 좋은 곳에 둠으로써 값진 정보와 삶의 깨달음을 통해 시간을 절약할 수 있고 돈으로 살 수 없는 안목을 기르는, 자신의 미래에 투자할 수도 있다는 걸 전달하고 싶었다.

물론 들이는 비용 그 이상의 것을 이익으로 만들 그릇을 가지고 있는지, 그리고 그를 객관적으로 뒷받침할 수 있는 담보가 있는지를 확인해 보는 것은 필수이다. 만약 그 이상의 가치를 얻을 수 있다고 확실히 판단되면 더 이상 주저할 시간이 없다. 하루라도 빨리 함께하고 싶은 그들이 머무는 곳에 머물러 접근성을 높여야 한다. 그들과 같은 장소에서 시간을 보낸다고 해서 손쉽게 정보와 인맥을 얻는 건 아니지만, 적어도 내가 먼저 다가갈 기회가 있는 것과 아예 없는 것은 확연히 다를 것이다. 그 기회를 통한 성취 경험을 본인이 직접 느껴 기쁜 마음으로 노력하여 계속해서 올라가길 바란다.

STAGE 3

고급스러운 분위기 연출하기

01

인생을 편하게 만들어줄
연출력이란?

◇　　초등학생 시절, TV 속 어느 한 드라마 여자 주인공 배역에 홀딱 빠진 적이 있었다. 얼마나 빠져 있었냐면 그 상황에 몰입하여 여자 주인공과 비슷한 표정과 말투, 분위기를 따라 하는 것에 재미를 느낄 정도였다. 심지어 엄마에게 상대 역할을 해 달라고 부탁하면서까지 몰입했으니 꽤나 진지했던 모양이다.

몇 년 뒤에는 여기에서 좀 더 발전하여 만화책 속 여주인공을 따라 하기 시작하였다. 여주인공의 움직임을 보거나 목소리를 들을 수 있는 것은 아니었지만 '이런 식으로 연출하는 것이 이 상황에 가장 적합하겠지?'라고 상상하면서. 약 20년이 지난 지금도 좋아하는 영화 시나리오 대본집을 구매해 주인공의 표정과 말투를 따라 해보는 걸 보면 연기자를 꿈꿔보지 못한 게 아쉽기만 할 따름이다.

뜬금없이 유년 시절의 특이한 취미 이야기를 꺼낸 이유는 어릴 때부터 이렇게 '연출력'을 기르다 보니 의도치 않게 인생을 편하게 사는 방법을 익히게 되었고, 그 방법을 당신에게 자세히 공유하고 싶기 때문이다. 이런 배경으로 시작하게 된 사업이 바로 레미장센 '이미지 연출' 컨설팅이었다. 기존의 이미지 컨설팅이라 함은 메이크업과 헤어스타일의 변화 또는 체형에 알맞게 옷을 입는 방법을 알려주는 것 혹은 서비스업 직종에 요구되는 친절한 이미지를 갖추기 위한 표정과 태도 등을 다루는 것이 대부분이었다. 여기서 한발 더 나아가 내가 새롭게 기획하여 만든 내용은 '일상생활 속에서 단번에 알아차리기 힘든 요소들을 의도적으로 그러나 은근슬쩍 통제하여 품위를 업그레이드하는 방법'이었다.

컨설팅 내용에는 앞서 언급한 변화 요소인 메이크업, 헤어, 패션뿐만 아닌 눈빛부터 시작해 얼굴 근육을 활용해 지을 수 있는 다양한 표정들을 감정에 맞게 나타내는 방법, 말할 때 드러나는 목소리의 톤과 빠르기, 높낮이 등을 자유자재로 변형할 수 있는 능력을 기르는 방법 등이 포함되어 있다. 앉아 있을 때의 자세 및 포즈, 몸짓으로 감정을 전달하는 제스처gesture, 심지어 걸음걸이까지 전반적인 이미지에 맞춰 선택해 걷는 것 등 사소하다고 생각되는 것들까지도 말이다.

시각에만 의존해 특정 순간에만 남들이 선호하는 보편적 기준에 맞춘 '이미지'가 아닌 오감적 요소를 활용하여 연속적인 장면에서 내가 원하는 대로 타인이 나를 인식하도록 '분위기'를 만들어나갈 수 있다는 신선한 개념에 여성들은 뜨거운 관심을 보였으며, 수많은 여성들이 레미장센 컨설팅을 토대로 자신을 연출하는 즐거움 및 그에 따라 상대방과의 관계에서 이득을 얻었다는 후기를 들려주었다. 지금부터 그동안 컨설팅 경험을 토대로 수백 명 여성들의 인생을 바꾼 연출력에 대해 자세히 알아보자. 이제 당신의 차례이다.

내가 원하는 것을 상대가 '주고 싶도록' 만드는 법

STAGE 1에서 언급했다시피 인생을 쉽게 사는 방법은 내가 원하는 걸 갖고 있는 사람에게 그가 원하는 걸 준 다음, 내가 원하는 걸 그가 나에게 주고 싶도록 만들면 된다. 이것이 바로 유혹이며 여기서 '주고 싶게 만드는 데 필요한 것'이 바로 연출력인 것이다. 유혹에 절대적으로 필수적인 것이 연출력이므로

STAGE 3에 배운 것을 완전히 익힌 후에 STAGE 4로 넘어가길 바란다.

여기서 핵심은 상대가 나에게 그것을 '주고 싶도록' 만드는 것, 즉 머리로 이해되는 논리가 아닌 마음을 어떻게 움직이게 만들 것인지에 관한 '감정을 자극하는 연출'이다. 이때 필요한 연출은 표정, 말투 그리고 제스처 등 다양한 요소의 총합으로 표현되는데, 상황에 따른 적절한 연출 요소가 무엇인지 빠르게 파악한 후 상대에게 풍부하면서도 자연스럽게 내보이는 것이다.

머릿속에 저장된 캐릭터가 많으면 많을수록 '지금 같은 순간에는 이런 표정과 말투, 대사를 활용하는 것이 좋지' 하며 적절한 연출 요소를 빠른 반응속도로 보일 수 있으므로 평소 영화, 드라마 속 캐릭터를 분석하는 습관을 들이는 것을 추천한다. 인식하지 못했을 뿐 그동안 당신도 일상 속에서 연출력을 활용해왔을 것이다. 다음 사례를 통해 어떻게 연출력을 발휘해야 하는지 알아보자.

학생이 부모님께 용돈을 더 달라고 말씀드려야 되는 상황이다. 여기 두 학생이 있다. 한 학생이 굳은 표정과 무미건조한 말투로 "용돈 좀 주세요. 친구들이랑 놀러 가기로 했는데 돈이 부족해요"라고 말한다. 또 다른 학생은 턱 끝을 아래로 살짝 당긴 상태에서 눈썹은 약간 팔자 모양으로 만듦과 동시에 눈은 조금 크게 뜬 표정. 입술은 조그맣게 오므리며 조금 불쌍해 보이면서도 귀여운 얼굴로 "엄마,(혹은 아빠. 중요한 건 호칭을 앞에 붙임으로써 살가운 느낌을 주는 것) 친구들이랑 놀러 가기로 했는데 용돈이 조금 부족해요. 놀러 가서 맛있는 거 사 먹을 때 저만 못 먹으면 너무 서러울 것 같은데(감정적 연민 자극하기) 용돈 조금만 더 주시면 안 될까요? 재미있게 놀고 와서 공부 더 열심히 하겠다고 약속할게요!(풍부한 전달력을 위해 말의 높낮이를 활용하여) 제발요~"라고 말한다.

동시에 엄마의 팔짱을 끼는 자연스러운 스킨십을 통해 거절하기 어렵게 만드는 기술을 활용하여 부탁하면, 부탁받는 사람은 좀 더 본인이 원하는 걸 얻었다고 생각하기에(공부를 더 열심히 하겠다는 자녀의 다짐과 사랑스러운 모습을 보며 행복을 느끼는 것) 용돈을 주고 싶은 마음이 더 커질 것이다. 당신은 누구에게 용돈을 더 주고 싶을 것 같은가?

어떠한가? 연출력을 통해 당신이 원하는 것을 쉽게 얻었으므로 인생을 조금 더 편하게 살 수 있게 되었다. 의식하지 못한, 의식할 만한 요소가 없는 일상적인 상황이지만 장면 장면을 분석해보면 발전시킬 부분들은 무궁무진하다.

꼭 그렇게까지 애교를 부려가며 용돈을 받아 내야겠냐며, 그런 낯간지러움을 스스로가 견딜 수 없다는 생각이 들면 하지 않으면 된다. 원하는 것을 얻었을 때의 이익과 연출력을 발휘하기 위해 감수해야 하는 손실을 비교했을 때 손해보다 이득이 더 크면 하는 것이고, 그렇지 않다면 하지 않는 것이 경제적인 선택일 것이다. 모든 선택에는 기회비용이 따르기 마련이니 당신이 가장 원하는 것에 집중해보자.

또 다른 예를 보자. 당신은 입사하길 원하는 회사의 최종 면접을 앞두고 있다. 회사 홈페이지에 나와 있는 인재상을 낱낱이 파악하고, 수소문을 통해 '사내에서 선호하는 사원 이미지'에 대한 정보까지 확인하였다.

보수적인 기업문화를 오랫동안 유지해온 회사인 만큼 적극성과 새로운 방식의 업무를 시도하는 도전정신이 아닌, 상사의 의견을 충돌 없이 따를 수 있으며 지금껏 진행해온 프로젝트를 관성대로 이어갈 수 있는 태도를 지닌 인재를 원한다는 것을 알게 되어 그러한 성향을 더 부각시키기로 마음먹었다. 평소 성격과 같았으면 진취적인 태도로 지금껏 이루어온 성과를 열정적으로 어필했을 텐데 회사가 원하는 인재상을 떠올리며 면접관이 묻는 질문에만 답하고, 그들 마음에 들 만한 차분한 이미지를 보이고 면접을 마쳤다. 마침내 최종 면접에 합격하면서 당신이 원하는 것을 얻게 되었다.

사회학자 어빙 고프먼Erving Goffman에 따르면 "고의든 아니든 개인은 자신을 표현하는 행동을 하게 마련이고, 사람들도 그가 표현한 인상을 그대로 받아들일 수밖에 없다"고 한다. 이러한 맥락에 비추어 지금부터 연출력 개념을 조금 더 넓은 범위에서 활용해보고자 한다. 똑똑하게 자신의 목적을 달성하고자 자신을 연출하는 A의 예시를 보자.

02

보여주고 싶은 이미지를 결정하라

✧　　A는 오늘 중요한 미팅을 앞두고 있다(소개팅이든 클라이언트와 협상이든 내가 멋진 사람임을 증명하고 상대에게 잘 보여야 하는 자리임에는 틀림없다). 며칠 전부터 긴장한 탓인지 피부에 뾰루지가 올라와 커버력이 좋은 파운데이션으로 평소보다 피부 화장에 더 신경을 쓰고, 콤플렉스인 짧은 다리를 감추고자 허리 위까지 올라오는 하이웨스트 치마를 입었으며 높은 굽의 구두를 신었다. 자신에게 투자를 아끼지 않는 사람이란 것(어쩌면 값비싼 시계를 차고 나올 수도 있는 상대일 수도 있다는 생각에)을 어필하기 위해 할부로 구매한 명품 가방을 드는 것도 잊지 않았다.

　약속 장소인 5성급 호텔 로비 가운데 위치한 카페에 도착해 자리에 앉자, 먼저 도착한 그가 음료를 고르라며 메뉴판을 건네주었다. 마음 같아선 가장 저렴한 아메리카노를 고르고 싶었지만, 건강에는 돈을 아끼지 않는 모습을 보이고자 만 원 더 비싼 생과일주스를 주문했다.

대화 도중 그가 "화장실 좀 다녀올게요. 여기 화장실 어디인지 혹시 아시나요?"라고 물었을 때 "네, 프론트를 끼고 오른편으로 쭉 걸어가면 나올 거예요. 이 호텔은 화장실을 찾기 어렵다는 게 올 때마다 느끼는 아쉬운 점이죠"라고 마치 이 호텔이 익숙하다는 듯한 인상을 주기 위해 무심한 어투로 답했다. 사실은 몇 번 와보지 않았음에도 말이다.

그가 자리로 돌아온 후부터 이어지는 대화에서 표정과 말투, 자세에 집중을 흐트러뜨리지 않았다. 긴장한 것을 들키지 않기 위해 아래로 시선을 떨어뜨리지 않았고, 여유로운 분위기를 풍기고자 평소보다 말 속도를 늦추었다. 전날 자신의 모습을 동영상으로 찍어 보고 시뮬레이션했던 덕분인지 제법 그럴듯했다고 느꼈다.

음식이 나온 후 식사할 때의 모습 또한 미리 배워둔 테이블 매너를 보이며 올곧은 자세로 포크에 감싸진 파스타를 조심스레 입에 가져갔다. 평소 휴일에는 무엇을 하며 시간을 보내냐는 그의 질문에 오전에는 한강 조깅을 하고, 오후에는 종종 미술 전시회에 간다고 답했다. 한 달에 한두 번 할까 말까 한 일과지만 자기관리가 철저하고, 예술에 관심이 많은 지적인 이미지를 전달하고 싶었기에.

약 2시간의 미팅이 끝난 후 자리를 나서며 그가 묻는다.

"어떻게 가시나요? 택시를 불러드릴까요?"

평소 같았으면 알아서 가겠다고 손사래를 쳤을 그녀이지만 오늘만큼은 이러한 대접이 당연하단 듯이 미소 지으며 대답한다.

"그렇게 해주시면 감사하죠."

그가 물어보지 않았다면 늘 그렇듯 버스를 타고 갔겠지만, 택시를 이용해 집에 갈 정도의 여유(그것이 경제적 여유든 자기 자신을 아끼는 마음의 여유든)가 있으므로 당신 또한 나를 여유 있게 대우해 주었으면 좋겠다는 걸 암시하기 위한 답변이었다. 집에 도착할 때쯤 그에게 메시지가 도착했다. 다시 만날 기회가 있었으면 좋겠다는 긍정적인 의미의 내용으로. A는 오늘 준비한 모든 연출력이 헛되지 않았다는 성취감에 속으로 쾌재를 외친다.

03

매력적인 사기꾼이 되어라

◇　　컨설팅에서 만난 수백여 명의 여성들은 모두 자신의 인생을 충실하게 살아왔고 그 시간과 비례하여 꿈과 야망이 큰 멋쟁이들이었다. 그러나 몇몇 여성들은 자신이 얼마나 잘난 줄 모르거나 혹은 잘난 것을 알면서도 어떻게 어필해야 할지 몰라 주변 사람들에게 과소평가를 받고 있었다. 본인 실제 역량이 80점임에도 70점, 그 이하로 생각하는 것이다. 특히 '착한 척하는 여자'들일수록 더더욱! 본인은 그렇지 않다고? 그렇다면 다행스럽게 생각하며 질문 하나를 던져보겠다.

"<u>스스로를 80점이라고 확신함에도 불구하고 남들이 70점으로 여기도록 행동하진 않는가?</u>"

이 질문에 "그런 것 같아요" 혹은 "맞아요"라고 대답한 여성들의 말은 대개 이렇게 이어진다.

"남들이 저를 쉽게 보는 것 같아요."

"만만한 여자 이미지를 벗어나고 싶어요."

나는 80점인데 사람들이 나를 70점처럼 대한다면 나에게도 원인이 있을 수 있는 건 아닌지 한번쯤 생각해볼 필요가 있다. 나의 실제 가치를 10점이나 깎는 행동을 자처해서 한 것은 아닌지 말이다. 혹은 타인이 나를 10점 깎아내리려 할 때 아무런 방어를 하지 못한 것 아닌지도 말이다.

세상을 쉽게 살아가는 사람들은 자신이 80점의 역량이 있다고 해도 마치 90점처럼 보이도록 연출한다. 이 10점의 차이를 만들어낼 수 있는 연출력에 따라 인생의 난이도가 결정된다는 것을 누구보다 잘 알기 때문이다. 인생을 편하게 살아가는 사람들의 공통점 중 하나는 투입한 노력량에 비해 산출량이 많은 결정에 익숙하다는 것이다. 원하는 것을 얻기 위해 들이는 노력보다 더 많은 걸 얻어낼 수 있는 것을 선택하는 것이 자연스럽다. 타인에게 피해를 주지 않는 범위 내에서라면 자신이 가장 행복할 수 있는 조건 속 환경으로 들어간다는 뜻이다.

그리고 그중 하나가 연출력을 활용하는 것이다. 물론 '실제 역량을 높이기 위한 노력'과 '연출력을 발휘하는 것'은 양자택일 개념이 아니므로, 연출에만 그치지 않고 90점의 역량을 갖추도록 실질적인 노력 또한 게을리하지 않는다. 우리가 '남들이 나를 날씬하고 보기 좋은 몸매를 가진 여자라고 봐줬으면 좋겠어'라고 생각할 때 운동을 해서 몸선을 다듬는 것뿐만 아닌 두꺼운 팔뚝을 잠시 가려줄 수 있는 소매의 옷을 입거나, 종아리를 얇아 보이도록 만들어주는 압박스타킹을 신는 것과 마찬가지다. 이것이 상대를 향해 사기를 치는 행위라고 생각하는가?

다시 A의 에피소드로 돌아가보자. 이 글을 읽으면서 당신은 어떤 기분이 들었는지 궁금하다. 그녀의 말과 행동이 꾸며진 것이라 생각되어 불편했는가? 아니면 뻔뻔하게 행동한 용기에 박수를 보내고 싶은가? 적어도 나는 후자에 한 표를 던지고 싶다. 그녀는 자신의 목표를 달성하기 위해 노력했으며, 만약 그 행동이 두드러지게 보인다면 그건 '자연스럽게' 노력했다는 이유일 것이다. 마치 원래 그러했던, 그러한 분위기에 익숙한 사람인 것처럼 말이다.

여기서 누가 A에게 "너는 원래 피부가 좋지 않고 다리가 짧잖아! 그런데 왜 안 그런 척해?"라고 말할 수 있을까? 그런 논리라면 피부 화장은 피부가 좋은 사람만이 할 수 있고, 하이웨스트 치마는 다리가 긴 사람만 입어야 하는 걸까? 커버할 수 있는 뽀

루지를 감추지 않고 다리가 길어 보이도록 충분히 만들 수 있는데도 그런 스타일링을 하지 않았다면 오히려 그 점에 궁금함을 가져야 하는 게 아닐까? 아마 여기까지는 대부분 동의할 것이다. 그 다음 부분에 대해서는 어떻게 생각하는지 답해보자.

그녀는 낯선 이를 만날 때 긴장하는 탓에 시선이 자꾸 바닥을 향하는 버릇과 말이 지나치게 빨라지는 경향이 있었다. 이러한 모습이 상대방에게 긍정적인 이미지로 보이지 않을 걸 알기에 카메라로 자신의 모습을 촬영해 스스로 피드백을 하곤 했다. 나아가 이 피드백으로 평상시 익숙지 않은 사람과의 대화에 적용시키며 마음에 들지 않는 모습을 개선하고자 노력하였다.

즉, 원래의 표정과 말투가 아닌 노력으로 변화된 '꾸며진' 모습을 보인 것인데 이를 두고 "언젠가는 너의 원래 모습이 밝혀질걸?"이라고 말할 수 있을까? 처음에는 어설펐지만, 꾸준한 연습을 통해 안정감 있는 시선 처리와 여유로운 말투가 익숙해졌다면 그때에도 '원래'라는 단어로 비난할 수 있을까?

마지막이다. A는 사실, 휴일에는 침대에 누워 유튜브 보는 걸 즐기며 매주 미술관에 갈 정도의 관심이 있는 것은 아니었다. 이에 대해 그녀는 거짓말을 한 것일까? 그를 속인 나쁜 사람이 되는 것일까? 평상시에는 지하철을 타는데 택시가 익숙한 듯이 대답한 것조차 허황된 꾸밈일까? 그렇다면 되묻고 싶다. 왜 보이고 싫지 않은 모습까지 굳이 솔직하게 밝혀야 하는 이유가 있는지 말이다.

나를 80점으로 평가한 사람에게 나의 점수를 90점으로 올리지는 못할망정 왜 일부러 70점으로 깎아내려야 하는지 궁금하다. 우리는 남들에게 좋게 보이기를(가급적이면 고급스러우며 품위 있고 함부로 대할 수 없는 아우라가 있는) 원하며 나를 가치 높은 사람으로 평가해주길 바라지 않는가? 그렇다면 사람들이 나를 그렇게 평가하도록 그들의 반응을 조절하고 통제하면 되는 것이다. 우리가 좋아하는 대부분의 브랜드는 계획적이고 의도적인 브랜딩과 마케팅을 통해 만들어졌다는 것은 알고 있을 것이다.

그가 생각할 것이다.

'A는 운동을 통해 건강을 관리하는 사람이구나.'

'A는 문화 예술에 관심이 많은 사람이구나.'

'A는 누군가가 집으로 돌아가는 길을 신경 써주고 택시를 불러 편안하게 집까지 가는 게 당연한 사람이구나.'

결국 그는 A의 인상에 대해 다음과 같은 결론에 도달하게 된다.

'A는 가치가 높은 사람 같아. 더 가까이하고 싶다.'

어떠한가? 연출된 행동으로 인해 상대가 느낄 감정 반응을 원하는 방향으로 통제하였고 결국 당신의 목표를 달성하지 않았는가?

번외. 다음 만남에서 그가 A에게 "미술 전시회에 가는 걸 즐긴다고 하셨죠? 최근에 다녀온 곳은 어떠셨나요?"라고 묻는다면 어떻게 대처해야 할지 궁금할 수 있다. A는 그렇게 자신을 연출한 본인의 말과 행동에 대한 책임을 지기 위해서라도 그렇게 말을 한 이후에 실제로 전시회를 다녀오면 된다. 아니, 적어도 인터넷 검색과 책을 통해서 공부하면 된다.

A와의 만남을 이어나가기 위해 자주 가지도 않는 미술 전시회를 종종 간다고 말한 것은 거짓말인데 그건 마치 사기꾼과 같지 않냐고 묻는다면 이렇게 대답하고 싶다.

"기꺼이 그가 원하는 매력적인 사기꾼이 되어 주세요."

만약 미술에 전혀 관심이 없고 단 한 번도 미술관에 가본 적이 없는 사람이 마치 전문가인 척 행동하는 것은 '없는 것을 있다'고 말하는 거짓말과 같기 때문에 문제가 될 수 있지만, 약간의 포장과 추후에 실제 행하는 노력으로, 상대방이 원하는 것을 제공해주는 것은 모두의 승리를 위한 협상 전략이다. 그도 자신의 마음에 들길 바라는 여성을 만나고 싶어할 것이고, 내가 그 여성이 되어주면 그는 원하는 것을 갖게 된다. 그리고 차츰 사이가 가까워질수록 첫 만남을 포함해 친밀한 사이가 아닐 때 보여주기 어려웠던, 시간이 흐르면서만이 보일 수 있는 긍정적인 모습으로 당신의 가치를 높일 수 있을 것이다.

있는 그대로를 보여주는 것은 재미없다. 약간의 아리송함으로 호기심과 기대감을 자아내도록 만드는 한 단계의 장치가 필요하다.

상상해보자. 투명 포장지에 싸여 있어 내용물이 무엇인지 훤히 보이는 선물과 고급스러운 포장지로 포장되어 안에 무엇이 들어 있는지 궁금하게 만드는 선물이 있다. 어떤 선물을 받았을 때 만족감이 더 높을까? 백화점에서 명품을 구매했을 때 몇 겹의 포장지와 더스트백을 활용해 필요 이상으로 꼼꼼하고 정성스레 선물 포장해준다는 것을 떠올려보면 정답이 어느 쪽인지는 쉽게 판단할 수 있을 것이다. 자신을 돋보이게 만들고 싶은 당신, 어떤 포장지를 택할 것인가? 이왕 포장이 필요하다면 10점의 가치를 높여줄 수 있는 포장지를 사용하라. 그것이 바로 자신을 아끼고 존중해주는 방법이다.

04

연출력에 거부감을 갖는
사람들의 태도

✧   '오랫동안 꿈을 그리는 사람은 마침내 그 꿈을 닮아 간
다.'

프랑스 소설가 앙드레 말로Andre Malraux의 명언이다. 당신이
원하는 것을 간절히 소망하고 노력하면 결국은 이루어낸다는 의
미로, 더 나은 삶을 원하는 사람들에게 희망을 주는 메시지로 회
자되고 있다.

그렇다면 여기서 '꿈을 그린다'는 것은 구체적으로 무엇을 뜻
하는 걸까? 머릿속으로 상상해보는 것? 혹은 더 나아가 그 꿈을
이룬 것처럼 겉으로 행동하는 것? 전자의 행동에 대해선 아무도
문제 삼지 않는다. 오히려 열망이 가득한 사람으로 평가할 것이

다. 그러나 내면의 열망을 넘어 외면의 열망 즉, '~척'하는 태도로 직접 드러내면 그때부터 사람들은 거부감을 갖기 시작한다.

"그런다고 너가 진짜가 될 수 있을 거 같아? 가짜는 결국 밝혀지게 되어 있으니 애쓰지 마. 그리고 진짜는 실제로 안 그래!"

유튜브에 〈우아한 여자 이미지 연출법〉이라는 주제의 영상을 3편에 걸쳐 올린 적이 있다. '표정, 말투, 제스처'와 같은 연출력 요소뿐만 아니라, 정제된 언어를 얼마나 사용하고 있으며, 삶에 대해 얼마나 긍정적인 태도를 갖고 있는지, 취미는 무엇인지 등으로 본인을 우아하고 수준 높은 사람으로 보여질 수 있는 방법에 관한 내용이었다.

이에 대해 시청자들의 반응은 크게 2가지로 나뉘었다. 하나는 '일상생활 속에서 의식하지 못했던 작은 행동이 그간 나의 이미지와 분위기를 만들었을 수도 있겠구나. 조금 더 괜찮은 사람으로 보이도록 그러한 요소들을 신경 써야겠다'이고, 다른 하나는 연출력에 대해, 정확히 표현하면 연출력을 활용하여 우아하게 보이려고 노력하는 사람들에 대해 거부감을 느끼는 의견들이었다. 나는 전자의 의견에 동의하는 입장이지만, 후자의 의견을 갖고 있는 사람들의 입장도 이해한다.

다음은 실제 유튜브 영상에 달린 댓글들을 요약한 것이다. 내용은 크게 다르지 않다. 생각에 정답이 있는 것은 아니므로 '댓글의 내용'과 '댓글과는 다른 필자의 의견'을 모두 알아보자.

댓글 1. "우아한 척하지 마. 너 원래 안 그런 사람이잖아. 그건 진짜 네 모습이 아니야."

첫째, 왜 '~척'하면 안 되는 것일까?

갖고자 하는 모습을 당장 가질 수 없다면 '~척'을 통해 더욱 빠르게 갖고 싶은 모습을 체화해가는 과정을 노력하는 태도라고 볼 수는 없을까? 성공하고 싶다면 이미 성공한 사람들의 습관을 따라 하는 것이 효과적인 방법이란 것에 대해선 누구나 쉽게 동의할 것이다. 그들처럼 시간을 알차게 사용하고자 아침 일찍 일어나 부지런히 움직이는 사람에게 "너 왜 부지런한 척해? 너 원래 게으른 사람이니까 거짓 행동하지 마"라고 말하는 사람은 없을 것이다.

친구가 평소 보였던 행동과 다른 모습을 보인다면 낯설게 느껴져 어떤 변화의 계기가 있었는지 궁금할 수는 있지만 함부로 평가해서는 안 된다. '~척'이 잘못된 행동이라 하지 말아야 하는 거라면 우리 또한 더 나은 인생을 살고자 노력하면 안 되는 것이니까. 그렇게 되면 인생이 너무 무기력해지지 않을까?

둘째, 원래 나에게 맞는 건 무엇일까? 진짜 나는 누구일까?

'원래'라는 게 있는 걸까? 그렇다면 '원래 나의 것'으로 인정할 수 있는, 진짜 나의 모습 범위는 몇 살 때부터이고 또 어디에서부터 얻은 것이라고 봐야 하는 것일까? 태어날 때부터 부모님께 물려받은 유전적 특징만 원래 나의 것일까?

컨설팅을 통해 만난 B는 자신의 사연을 나에게 억울한 듯이 털어놓았다.

"저는 어릴 때부터 소아비만이었어요. 부모님 모두 체격이 큰 편이거든요. 그래서인지 남들과 똑같은 양의 밥을 먹고 비슷한 활동량으로 움직여도 살이 쉽게 쪄 학창 시절 내내 스트레스였어요. 이 오래된 콤플렉스를 극복하고자 대학에 입학하자마자 뼈를 깎는 고통의 운동과 철저한 식단관리로 약 20kg를 감량했어요. 이 몸무게를 유지하는 것이 결코 쉽지 않아 지금도 노력하고 있고요."

이런 그녀는 얼마 전 상처를 받았다고 털어놓았다.

"우연히 한 동호회에서 중학교 동창인 C와 마주치게 되었어요. 처음에는 저를 알아보지 못하다가 대화를 통해 저인 걸 알고 이내 반갑다며 안부를 묻더군요. 남들이 듣기에는 아무렇지 않게 들릴 수 있겠지만 C의 안부 인사는 폭력적으로 느껴졌어요."

도대체 어떤 말을 들었길래 크게 상처받았는지 물었다.

"제 몸을 쳐다보고 그러더군요. '너 왜 이렇게 살이 많이 빠졌어? 원래 뚱뚱했잖아. 너인줄 못 알아볼 뻔했어'라고요. 놀라 신기해하는 C의 감정을 이해 못하는 건 아니에요. 독하게 다이어트를 성공한 저를 대단하다고 느끼는 것 같기도 했고요. 그런데 집에 오는 길에 이런 생각이 들더군요.

'원래 나는 뚱뚱했으니까 지금도 계속 뚱뚱했어야 하는 걸까?'라고요."

'원래'라는 단어는 B의 말처럼 자칫하면 폭력적일 수 있는 위험한 부사이다. 당신이 얼마 전 남자친구를 사귀었는데 그는 당신이 원하는 애정표현을 잘 하지 않는 타입이라고 상상해보자. 서운함을 느낀 당신이 조금만 더 표현을 자주 해주었으면 좋겠다고 말하였는데 남자친구가 "나 원래 연애할 때 애정 표현 잘 안 해"라고 반응한다면? 당신은 그 대답에 상처받을 것이고, 앞으로 그 남자와 맞춰 나갈 의지가 꺾일 것이다.

물론 C가 B에게 '너는 원래 뚱뚱한 사람이잖아. 왜 다이어트에 성공해서 날씬한 척하려고 했어? 날씬한 너는 가짜야'라는 의미로 말한 것은 아닐 것이다. 그러나 우리는 노력을 통해 더 나은 삶을 살고 싶어 하는 누군가에게 '갑자기 왜 저러는 거야? 원래 살던 대로 살지'라고 말한 적은 없었을까? 우리는 누구일까? 이에 관해 여성학자 정희진 선생님의 말을 공유하고 싶다.

"본질적인 나는 없다. 내가 추구하는 것이 나일뿐."

댓글 2. "진짜 상류층 사람들은 안 그래. 그들이 너를 보면 얼마나 우스울 것 같니?"

"진짜 상류층은 너처럼 행동하지 않아"라는 문장에서 이미 '상류층'과 '너'는 구분되어야 하는 존재임을 함축하고 있으며 "그들이 너를 보면 얼마나 웃기다고 생각하겠어?"에서 '너'는 '상류층'보다 아래 계급에 위치하고 있다는 것을 뜻한다.

그런데 신기하게도 개인의 노력과 무관하게 애초부터 타고난 조건이 남들의 부러움을 사는 사람들은 비교적 비난받지 않는다. 집안 대대로 부자였기에 태어날 때부터 고급 예술 문화에 익숙하고, 엄마에게 물려받은 명품 가방을 갖고 다니며, 어릴 때부터 비슷한 상류층 환경에서 자란 친구들과 스스럼없이 어울리는 모습은 선망의 대상이 된다.

반면 그렇지 못한 환경에서 태어나고 자라 부자들이 지니고 있는 취미와 취향을 갖추려 노력하고 오롯이 자신의 힘으로 번 돈으로 명품을 사는 것에 대해서는 '너가 그렇게 해봤자 부자처럼 보일 것 같아?'라는 비아냥을 받게 된다. 그리고 나보다 잘난 사람들과 어울리고자 그들이 갈 만한 곳을 가고 그들에게 유익한 정보와 흥미를 제공해주기 위해 노력하는 모습을 유별나다고 치부해 버린다. 마치 타고날 때부터 외모가 뛰어난 여성에게는 자연미인이라며 칭찬과 함께 부러움을 드러내는 반면, 성형수술을 포함해 후천적인 노력으로 아름다운 외모를 갖게 되면 '그래 봤자 고쳐서 예뻐진 건데 뭘'이라는 말로 그 가치를 인정하지 않는 태도를 드러내는 것과 비슷하달까?

나를 포함해 이 글을 읽는 대부분은 상위 1%의 사회적, 경제적 위치에 있지 않을 확률이 높다. 그러나 그런 삶을 살고 싶기에 노력하는 사람들일 것이다. 어떤 노력? 좀 더 품위 있어 보이는 말투와 행동, 에티켓과 매너를 익히고, 건강해 보이는 피부와 머릿결, 몸매를 가꾸고 유지하기 위해 노력하며, 분위기가 근사한 곳에서 좋아하는 사람들과 편안한 시간을 보내기 위해 열심히 돈을 버는 노력을 한다. 그런데 이게 왜 잘못된 걸까?

반드시 부자여야 명품 가방을 들 자격이 있는 것인가? 오히려 그 반대인, 부자처럼 보이고 싶어서 명품 가방을 드는 것 아닌가? 자기만족으로 자존감을 높이고, 타인에게도 귀한 대접을 받고 싶어 이미지를 연출하며 노력하는 게 아닌가!

왜 타인의 노력을 부정적으로 바라보고 지적해서 움츠러들고 검열하게 만드는지, 그리고 타고난 것과 타고나지 않아 노력하는 것을 구별하여 후자의 태도를 깎아내리는지에 대해서는 한 번 생각해볼 만한 문제이다.

당신을 위로 올려줄, 적어도 위로 오르려는 것에 대해 지지해주는 사람들 틈 속에 머물러야 한다는 것을 기억하자. 당신 또한 주변 사람들의 긍정적인 연출력을 응원해줌으로써 모두 함께 삶의 수준이 높아진다면 가장 이상적인 결말일 것이고 말이다.

더 나은 삶을 살기 위한 사람들의 노력을 잘못된 '형식', '원래', '진짜 ~인 사람들은'이라는 표현으로 검열하지 않게 만드는 분위기로 바뀌길 바라는 마음으로 '연출력'이란 더 나은 내 삶을 위한 노력이라고 정의 내리고 싶다.

연출력이란 나와 어울리는, 현실적으로 실현 가능하면서도 내가 '되고 싶은' 이미지를 갖춰 가는 과정이다. 까무잡잡한 피부인 내가 새하얀 피부를 원한다고 해서 제일 밝은 17호 파운데이션을 바르면 어울리지 않을 뿐만 아니라 보는 사람들에게 인위적인 느낌을 줄 수 있다. '내 피부 톤에 맞는' 것을 적절하게 골라야 하는 것처럼 현재 내 이미지, 라이프 스타일, 직업, 성격 등 바꾸기 어려운 것들을 현실적 기반으로 두되, 희망하는 이미지로 조금씩 바꾸기 쉬운 요소들을 중점적으로 변화시켜 나가자. 그 중간 '정도degree'를 잘 맞추는 것이 핵심이 될 것이며 맞춰나가는 과정에서 시행착오의 시간이 분명 필요할 것이다. 조급해하지 말자. 당신의 새로운 인생은 이제 시작이니까.

05

여자들이 갖고 싶어 하는 분위기란 무엇일까?

✧   앞서 연출력의 개념과 기능 및 비판적인 관점에 대한 의견까지 모두 알아보았다. 지금부터는 실전 활용방안에 대해 알아보자. 우리는 남들에게 가치가 높은 사람으로 여겨지길 바라면서도 정작 행동은 그에 비례하지 못하는 경우가 많다. 남들에게 잘 보이기 위해서는 착해 보여야 한다는 잘못된 생각을 하고 있기 때문이다.

그렇다면 여성들이 그토록 원하는 당당하면서도 우아하고 품위 있는 분위기(함부로 대하기 어려운 이미지)는 대체 무엇이고, 눈치 보며 자신감이 없어 보이는 분위기(대하기 쉬운 이미지)는 무엇일까? 이 두 차이를 알기 위해 개인의 분위기를 형성하는 요인이 무엇인지 구분할 필요가 있다.

주변 사람 중에서 함께 있으면 기분 좋아지거나 닮고 싶은 여성을 떠올려보자. 그녀가 지닌 어떤 요소에 당신이 그런 감정을 느꼈는지 딱 하나만 꼽을 수 있는가? 아마 어려울 것이다. 사진으로만 일방적 어필이 가능한 상황이라면 조금 더 수월하겠지만, 사회생활에서 전달되는 이미지는 상호작용 속에서 연속적인 것들에 대한 총체적 합이기 때문이다.

처음 보는 사람에게 분위기를 전달하는 방식은 '사진' 속 멈춰 있는 단편적인 모습이 아닌, 목소리를 들을 수 있고 표정과 자세 등의 변화까지 확인할 수 있는 '동영상'과 같지 않은가? 나아가 당신에게 풍기는 향으로 특정한 이미지가 연상될 수도 있고, 손을 잡았을 때 따뜻한지 차가운지 혹은 살결은 부드러운지와 같은 촉각적 요소 또한 중요한 요소로 작용할 것이다. 즉, 모든 감각적 요소가 당신의 분위기를 결정한다는 것을 알고 있어야 한다.

분위기를 결정짓는 핵심 요소 5가지

당신의 머릿속에 구조화되기 쉽도록 '시간의 흐름'을 기준으로 연출력 요소들을 정리해보려고 한다. 첫인상은 3초 만에 결정된다는 말처럼 첫 만남의 자리에서 몇 초 이내로 상대에게 당신에 대한 이미지가 만들어져 자리 잡을 것이다. 이때 만들어진 이미지는 그 이후의 대화를 통해 첫인상이 더욱 강화될 수도 있고 다른 이미지로 변할 수도 있다. 또 두세 번째 만남에서 처음에는 미처 알지 못했던 모습을 보고 당신에 대한 판단이 바뀔 수도 있다. 지금부터 다룰 내용은 시간에 따라 집중적으로 통제해야 할 요소들이다.

다음 개념을 인지한 뒤 본인의 모습이 어땠는지 체크해보자. 단, 여기서는 키, 체형, 이목구비와 같이 당장 변화하기 힘든 요소 및 메이크업, 헤어스타일, 패션스타일은 다루지 않았다. 아래는 '만난 지 1분 이내에 느껴지는 분위기 요소들'이다.

1. 표정

아이섀도와 아이라이너를 통해 또렷한 눈매를 만들고 블러셔로 생기를 나타내는 것만큼이나 얼굴 이미지 형성에 중요한 것은 어떤 표정을 얼마나 다양하게 지을 수 있는지에 관한 것이다. 예를 들어 본인이 갖고 싶은 이미지가 '친절하고 상냥한 이미지'라면 눈썹과 입꼬리를 살짝 위로 올리는 표정을 짓는 식이다.

"언어로 전달되는 것은 전체의 7%에 불과하다. 중요한 것은 비언어적인 부분이다"라고 말한 미국 심리학자 앨버트 머레이비

언_{Albert Mehrabian}의 말처럼 당신이 말하고자 하는 바는 언어적 요소(실제적인 내용)보다 시각적인 요소(표정, 몸짓 등)에 훨씬 더 큰 영향을 받는다는 것을 기억하자. 말을 하지 않고도 표정만으로 당신의 메시지를 전달하는 연습은 필수적인 요소이다.

이때 표정이라고 해서 꼭 얼굴 근육을 사용해야 하는 것만은 아니다. 대답이 없는 것 또한 하나의 대답으로 간주하는 것처럼 무표정도 당신의 분위기와 기분을 나타내는 하나의 표정이다. 의외로 무표정을 짓기 어려워하는 여성들이 많다. 특히 남의 눈치를 많이 보는 착한 척하는 여성들일수록. 다음 항목을 읽으며 자신의 표정은 남들에게 어떤 이미지와 분위기로 비쳐졌는지 알아보자.

시선 처리

- 상대방의 눈을 피하거나 힐긋힐긋 쳐다봄으로써 자신감 없는 모습을 보이지는 않는가?
- 지나치게 오래 응시하여 상대방에게 부담감을 주진 않는가?

평상시 표정

- 가만히 있는 나의 표정을 보았을 때 타인이 무뚝뚝하고 화가 나 보여서 다가오기 힘든 이미지인가? 혹은 필요 이상으로 웃고 있

어 가벼워 보이는 이미지인가?

대화할 때의 표정

- 거의 모든 상황에 감정 표현이 잘 드러나지 않는 무표정이라 말하는 사람에게 공감받는다는 느낌을 주지 못하는가?
- 대화 내용에 어울리는 표정 변화를 보임으로써 상대방에게 집중한다는 느낌을 주는가?

웃는 표정

- 웃을 때 눈매와 입매의 조화가 이루어지는가?
- 입은 웃고 있지만 눈은 웃지 않는 느낌이라 가식적인 느낌을 주는가?
- 은은하게 미소를 짓는 표정, 치아를 드러내며 활짝 웃는 표정, 소리 내어 함박웃음을 짓는 표정까지 웃는 표정을 다양하게 보일 수 있는가?

많은 사람들은 시간을 내어 군이 표정을 연습한다는 것을 이해하지 못하는 듯하다. 감정에 따라 자연스럽게 나오는 표정을 인위적으로 조작할 필요가 있냐며 말이다.

이렇게 말하는 사람은 두 부류 중 하나에 속할 것이다. 첫째는 자신의 표정을 의식하며 통제하지 않아도 될 만큼 이미 감정이 자연스럽게 드러나는 표정을 지을 줄 알고 있고, 그 표정이 타인이 보기에도 매력적이라 인간관계에서 표현의 어려움을 느끼지 않는 경우이다.

둘째는 나의 분위기를 만들어가는데 사소한 표정이 중요한 밑바탕이 되고, 이로 인해 타인이 나를 대하는 것이 달라질 수 있다는 걸 인식하지 못하는 경우이다.

누군가를 처음 마주했을 때 당신의 표정은 자연스러운가? 여유로운 분위기가 상대방에게 잘 전달된다고 생각하는가? 혹은 유약해 보이거나 만만해 보이는 표정으로 상대가 나를 쉽게 대하도록 두는 것이 습관이 되진 않았는가? 이러한 질문에 멈칫했다면 우리 이미지를 구성하는 요소에 대해 정확하게 파악한 후 이것이 내 가치를 높이는 방식이 될 수 있도록 연습해보자. 이는 다음의 요소들에도 해당된다.

2. 걸음걸이

걸음걸이에 관한 내용을 유튜브 영상에서 가볍게 다룬 적이 있다. 영상의 주된 주제가 아니었음에도 올바르고 우아하게 걷는 걸음걸이에 대해서 더 자세하게 알려달라는 댓글이 적지 않았던 것을 보고 '타인이 나를 인식하는데 있어 의외로 걸음걸이가 중요한 요소라고 생각하는 여성들이 많다'는 것을 알게 되었다.

나 또한 어릴 때부터 엄마에게 걸음걸이 훈련을 받아왔다.

"걸을 때 팔을 너무 흔들지 마."

"두 발끝이 모두 정면을 향하도록 걸어."

"이런 옷을 입었을 땐 더욱 조심히 걸어야 해."

엄마와 동네 산책을 할 때도 마음 편히 걸을 수가 없었기에 계속 내 걸음걸이를 의식해야만 했다. 휴대폰으로 나의 뒷모습을 촬영까지 해주시며 코칭해 주셨다. 스스로 직접 봐야지 빠르게 고칠 수 있다는 말씀과 함께.

이런 훈련 덕분에 주변 사람들에게도 걸음걸이 연습 방법을 알려달라는 말을 들을 듣곤 한다. 다음과 같은 요소들을 염두에 두고 자신의 걸음걸이를 스스로 체크해보자. 누군가에게 영상으로 자신이 걷는 모습을 찍어달라고 요청해도 좋다.

시선 처리

- 휴대폰만 보며 걷지는 않는가?
- 계속 주변을 힐끗힐끗 쳐다보며 걸어 부산스러운 느낌을 주진 않는가?

자세

- 당당한 느낌의 올곧은 자세인가?
- 힘 없어 보이는 느낌의 구부정한 자세인가?

속도와 보폭

- 걸음걸이가 너무 빨라서 안정감과 여유로운 분위기가 느껴지지 않는가?
- 너무 느리게 걸어 축 처진 느낌을 주진 않는가?
- 큰 보폭으로 힘차게 걷는 느낌인가, 작은 보폭의 서두르는 느낌인가?

무게감

- 걸을 때 팔 흔들림 범위가 크고 골반이 좌우로 지나치게 움직여 단정하지 못한 느낌을 주진 않는가?
- 신발을 끌면서 걷는 소음으로 인해 주변 사람들의 눈살을 찌푸리게 하진 않는가?

3. 앉아 있거나 서 있는 자세

마주 앉아서 컨설팅을 진행하면 이 여성이 꾸준히 몸매 관리를 하는 사람인지 아닌지 단번에 알 수 있다. 가는 허리에 볼륨감 있는 엉덩이와 같은 '곡선' 차원이 아닌, 어깨가 위로 솟지 않고 복부를 안으로 넣은 상태에서 척추를 바르게 펴 위로 길게 뻗은 '직선' 차원에서 관찰해보면 된다. 몸매가 아무리 좋아도 자태가 곧지 않으면 소용없다. 자태가 고운 여성들의 공통적인 특징은 일상 속에서도 항상 자세를 신경 쓰며 몸을 길게 늘려주는 스트레칭과 요가 그리고 발레를 오랫동안 해왔다는 것이다. 품위 있는 자태를 위해 확인해야 할 부분들은 다음과 같다.

목과 어깨

- 거북목과 같이 목이 지나치게 앞으로 나와 있어 우아한 느낌이 없진 않은가?
- 어깨가 앞으로 말려 있고 등이 굽어 있어 위축된 느낌을 주진 않는가?

제스처

- 자연스러운 제스처를 활용함으로써 편안한 분위기를 풍기는가?
- 아무런 몸짓이 없어서 뻣뻣하게 굳어 있어 긴장하고 있다는 느낌을 주진 않는가?

손동작

- 과하게 머리카락을 만지거나 뒤로 넘기는 등 부산스러운 느낌의 행동을 하진 않는가?
- 무의식적으로 펜이나 컵과 같은 물건을 만지작거리기, 손을 꼼지락거리거나 다리를 떨어 불안해 보이는 습관은 없는가?

4. 목소리

천천히 식사를 즐기는 고급 다이닝에서 빠른 템포의 댄스음악이 배경음악으로 나온다고 상상해보자. 식사를 마치고 나오면서 이런 생각이 들 것이다.

'음악 하나로 그 공간의 가치를 떨어뜨리고 있다는 사실을 주인은 모르고 있는 걸까? 어울리는 배경음악을 선택했다면 훨씬 더 고급스러운 분위기를 부각시킬 수 있었을 텐데 말이야.'

우리 개개인도 마찬가지다. 아무리 얼굴이 예쁘고 몸매가 곧고 아름다워도 이에 어울리지 않는 목소리와 말투는 시각적 이미지에서 높게 얻은 점수를 절반으로 깎이게 만든다.

미모의 여성 C가 나를 찾아와 고민을 털어 놓은 내용도 이와 비슷했다.

"꾸준히 관리해온 외모 덕분인지 소개팅은 잘 들어오는 편이라 남자와 첫 만남을 갖는 건 어렵지 않아요. 그런데 문제는 애프터와 그 이후의 만남으로 지속되는 게 쉽지 않다는 거예요."
이에 대해 '스스로 생각하시기에 짐작되는 원인이 있나요?' 하고
물었더니 C는 작은 목소리로 대답했다.

"친구들이 저에게 '넌 조용히만 있으면 된다'고 그래요. 입만
열면 깨니까 아예 입을 열지 말라고 하더라고요. 선생님, 이게
정말 옳은 방법일까요? 제 말투와 대화 능력에 어떤 문제가 있
는 건가요?"

그녀가 본래의 가치를 있는 그대로 전달하기 위해서 어떤 변
화가 필요한 것이었을까? 정말 입을 열지 않는 것이 최선의 방
법일까? 아래는 목소리와 관련해 스스로 체크해볼 요소들이다.

목소리 톤

- 밝고 경쾌한 느낌의 높은 톤의 목소리인가, 차분함과 신뢰감을
  주는 낮은 톤의 목소리인가?

말의 속도와 호흡

속도가 빠르면 활기차고 자신감 있는 분위기를 풍길 수 있지만, 너
무 빠르면 수다스럽고 가벼운 느낌을 줄 수 있다. 속도가 느리면 여
유롭고 안정감을 주지만, 또 너무 느리면 활력이 없어 보일 수 있음
을 주의해야 한다. 강조하고 싶은 문장이나 단어 앞에서 호흡을 활

용해 한 박자 쉬어 이야기하면 확신에 찬 태도를 보일 수 있을 뿐만 아니라 상대가 집중할 수 있도록 만들 수 있다.

말의 높낮이

목소리 톤 높낮이의 변화가 크면 말에 리듬감이 생기므로 풍부한 감정을 전달할 수 있어 생동감 있는 느낌을 준다. 반대로 변화가 크지 않으면 감정적이기보다는 이성적으로 보여 전문성 있고 무게감 있는 분위기를 만들 수 있다.

5. 대화 능력

청각적 이미지 요소에는 목소리만 포함된 것이 아니다. 장기적인 관점에서 더욱 중요한 것은 바로 대화 센스와 능력이다. 우리의 궁극적 목표인, 행복한 인생을 살아가기 위해 필요한 능력 중 하나가 상대방이 원하는 걸 빠르고 적절한 방식으로 제공해주는 것임을 기억할 것이다. 대화를 통해 나를 재미있고 편안하게 만들어주는 사람을 마다할 사람은 없다.

어린 시절 한 번쯤 들어봤을 〈알라딘〉, 〈신밧드의 모험〉은 왕비가 된 셰에라자드가 죽지 않고 살아남기 위해 인도 샤프리 왕에게 매일 밤 흥미진진한 이야기를 천 하룻밤 동안 들려준 《아라비안나이트(천일 야화)》들 중 일부로 알려져 있다. 그녀가 얼마나 이야기를 흥미롭게 풀어냈으면 하룻밤을 보낸 뒤 그 누구도 살려주지 않았던 왕으로부터 1000일이 넘도록 살아남을 수 있었는지 짐작할 수 있을 것이다. 그러나 걱정하지는 말자. 그녀만큼 말솜씨가 뛰어나야 할 필요는 없다.

다만, C와 같이 처음 만난 누군가를 끝까지 매력으로 잡아두는 것에 자신이 없다면 나와의 대화에서 상대가 재미를 느끼지 못하는 요소가 무엇일지 생각해볼 필요가 있다. 말을 잘하기 위해서는 대화의 3요소를 알아야 한다. 이에 대한 자세한 내용은 'STAGE 4 02.무조건 성공하는 대화의 3요소'를 참고하자.

연출력을 통한 이미지 콘셉트의 필요성과 개념을 알았다면, 이제부터는 나의 이미지 콘셉트를 정하는 방법에 대해서 알아보자.

이미지 콘셉트를 정하는 방법

이미지 메이킹에 관심 있어 자신의 변화를 시도하는 사람들이 나에게 종종 묻는 질문이 있다. "지금 제 이미지가 있고, 제가 앞으로 되고 싶은 이미지가 있는데 어디에 초점을 맞춰 나가야 할까요?"

크게 2가지 방법이 있다. 기존 나의 이미지와 성격을 중심에 두고 이를 최대한 매력적으로 보이도록 연출하는 방법이 있고, 내가 되고 싶은 이미지를 중심에 두고 현재 나의 이미지와 성격을 그 방향에 맞추는 것이다. 이때 이런 점이 궁금할 수 있다.

"성격을 바꾸기는 어려운데 어떻게 해야 할까요?"

본래의 성격은 바꾸기 어렵지만, 친해지기 전까지 보여줄 수 있는 성향 정도는 당신이 불편하지 않은 선에서 연출할 수 있다. 실제 당신의 성격은 내성적인데 활기차고 당당한 이미지를 원한다면 기존보다 조금 더 목소리를 크게 내고 상대와의 눈 맞춤을 연습하고 자세를 바르게 펴는 것만으로도 큰 효과를 볼 수 있으니 너무 어렵다고 생각하지 말자.

먼저 본인의 첫인상이 타인에게 어떤 느낌으로 다가가는지를 객관적으로 알아볼 필요가 있으므로 주변 사람들에게 나의 첫 이미지가 어땠는지 물어보자. 그러나 이건 시간의 흐름에 따라 알게 된 성격적 이미지로부터 완전한 분리가 어려운 부분이므로 가능하면 새로운 모임에 나가 그날 알게 된 사람에게 용기 내어 물어보는 것을 추천한다. 그렇게 모은 형용사들을 카테고리별로 분류하여 가장 많이 들은 이미지를 순서대로 나열해보자. 내가 컨설팅에서 사용했던 형용사 카테고리는 다음과 같다. 이 중에서 당신의 현재 이미지와 앞으로 갖추고 싶은 이미지를 각각 골라보고 그 차이를 어떻게 좁힐 수 있는지 연구해보자.

시각적 이미지

- Gorgeous - 섹시함, 관능적, 화려한
- Elegant - 단아함, 우아함, 지적인
- Cheerful - 발랄함, 활발한, 생기 있는
- Cute - 여운, 철없는, 어린아이 같은
- Pure - 순한, 순수한, 연약한
- Cold - 도도한, 차가운, 시니컬한
- Bold - 카리스마, 걸크러쉬, 대범한

캐릭터 이미지(대화를 나누면서 느껴지는 이미지)

- Confident - 적극적이고 당당한, 자신감 있는
- Thoughtful - 신중하고 배려심 있는, 무게감 있는
- Optimistic - 긍정적이고 솔직한, 털털한
- Lovely - 사랑스럽고 애교가 많은, 어리광 부리는
- Compliant - 순종적이고 감성적인, 보호본능을 일으키는
- Logical - 논리적이고 이성적인, 시니컬한
- Ambitious - 야망 있고 대담한, 도전적인

그 다음에는 그 첫인상에서 보이는 이미지와 시간이 어느 정도 흐른 뒤 나를 알고 지낸 후의 이미지가 비슷한지 혹은 다른지 알아보자. 만약 다르다면 첫인상의 이미지와 시간이 흐른 뒤의 이미지 중 어떤 이미지를 메인main 이미지로 두고 어떤 이미지를 서브sub 이미지로 둘 것인지를 정해보자.

마지막으로 내가 닮았다는 연예인이 주로 누군지 종합해보고, 닮고 싶은 연예인과의 이미지 및 연출력 요소 차이는 무엇인지 글로 정리하며 자연스러운 범위 내에서 변화가 가능한 정도를 파악해 하나씩 차근차근 바꿔보자. 이때 나의 이미지와 비슷하면서도 닮고 싶은 이미지로 목표하기에도 너무 어렵지 않은 연예인을 특정해 영상(특히 자연스러운 상황에서의 모습을 볼 수 있는 예능 프로그램에 출연한 모습이나 인터뷰 등)을 자주 보며 따라 해보는 걸 추천한다.

06

연출력을 기르기 위한 훈련 4단계

✧   우리는 남들에게 주목받길 원하며 그 주목이 내가 원하는 형태로 머물길 바란다. 그런데 문제는 남이 나를 쳐다볼 때 어찌할 바를 모르는 듯한 어색한 태도를 보인다는 점이다. 그러면 절대 본인이 원하는 이미지와 분위기를 연출할 수 없다. 민망함과 부끄러움을 버리고 뻔뻔해져야 한다. 민망함과 부끄러움을 덜 느끼는 방법은 그러한 감정을 많이 느껴봄으로써 역치를 높이면 된다. 뻔뻔해지기 위한 즉, 원하는 모습을 자연스럽게 보일 수 있는 연출력 향상 실전방안은 다음과 같다. 실제로 컨설팅에서 여성들에게 알려준 내용이며 가장 효과를 많이 본 것들을 단계별로 정리한 것이니 현재 당신은 몇 단계에 해당하는지 확인

해보자.

1단계. 거울을 보면서 거울 속 나에게 말을 걸 수 있다.

자기계발서에서 흔하게 볼 수 있는 내용 중 하나가 '나를 사랑하는 방법'이며 그중 많이 소개되는 실천 방법 중 하나가 스스로에게 "넌 잘될 거야. 잘할 수 있어"라고 말하는 것이다. 이 방법을 실제로 해본 사람이 있는가? 난 해봤다.

그런데 그 몇 마디 하는 게 이상하리만큼 힘겨웠다. 처음에는 책을 읽자마자 곧바로 "신녀성은 잘될 거야. 난 잘할 수 있어"라고 입 밖으로 문장을 꺼내 보았는데 닭살이 돋을 만큼 민망했다. 주변에 듣는 사람이 아무도 없었음에도 말이다. 일단 익숙하지 않은, 해본 적 없는 행동이라 그럴 수도 있고 아무도 보지 않음에도 '누군가가 이 장면을 보면 나를 어떻게 생각할까?'라는 자기 검열 태도가 몸에 배어 있기 때문은 아닐까 싶다.

이유가 무엇이든 지금 당장 해보자. 자신의 이름을 스스로 부르며 잘될 것이라고, 잘할 수 있다고. 나아가 사랑한다는 말까지 말이다. 이런 행동에 아무런 민망함을 느끼지 않아야 자기 검열이 줄어든다.

이 레벨을 성공했다면 이젠 거울을 가져와 본인과 눈을 맞추고 이야기해보자. 끝난 직후 바로 이불을 뒤집어쓰고 발차기를 할 수 있도록 침대 위에서 자기 전 시도해보는 걸 추천한다.

2단계. 나의 발표 영상을 녹화해 돌려 볼 수 있다.

대학생 때부터 발표에 대한 욕심이 많아 조별 과제 시 무조건 ppt 발표 역할을 했다. 어떤 모습을 발전시켜야 하는지 스스로 피드백하기 위해 조원에게 내가 발표하는 장면을 동영상으로 찍어달라고 부탁하기도 하였다. 그런데 이상하게도 분명 영상 속 모습은 남도 아닌 내 모습이고, 촬영하는 걸 인지하고 찍혔음에도 불구하고 민망함을 넘어서 요즘 말로 표현하자면 '오글거리는 느낌'이었다. 화면 속의 나는 매일 아침 화장대 거울을 통해 본 모습이 아닌, 나도 처음 보는 표정을 짓고 있었고 목소리도 내 목소리가 아닌 것 같았다.

이런 어색함을 견뎌야 함에도 불구하고 이 과정을 필수적으로 해봐야 하는 이유는 1단계에서는 내가 나만을 의식하고 뻔뻔함을 시도해본 반면, 2단계에서는 남이 나를 실제로 보고 있다는 것을 의식하고 그럴듯하게 연출해볼 수 있기 때문이다. 동영상 촬영 없이는 알 수 없었던 나의 무의식적인 습관(표정, 손짓, 자세, 말투 등)을 확인할 수 있는 기회이기에 이걸 시도해보지 않는다는 건 마치 옷가게에서 입어보지도 않고 눈대중으로 '아마도 나에게 잘 어울리겠지?'라고 어림짐작해 고른 옷을 평생 입고 다니는 것과도 같다.

　실제로 이미지 컨설팅을 진행할 때 첫 만남을 기준으로 약 5~10분 정도 대화 나누는 장면을 촬영해 같이 확인해보는 시간을 가졌는데 고객들의 만족도가 가장 높은 프로그램이었다. 발표할 기회가 없다면 친구들과 대화하는 장면도 괜찮다. 돈과 많은 시간이 드는 일도 아니니 조금의 용기만 갖고 꼭 시도해보길 바란다. 본인의 숨겨진 매력적인 모습을 하루라도 빨리 발견해 세상에 뽐내야 하지 않겠는가?

3단계. 삼각대에 셀카모드로 자기소개 동영상을 촬영하고 돌려 볼 수 있다.

　나란히 앉는 자리에 앉을 때 나는 가능하면 상대방의 오른편에 앉으려고 한다. 그 이유는 왼쪽 얼굴이 더 예뻐 보이기 때문이다. 낯선 사람과 얼굴을 마주하고 이야기를 나눌 때에도 나는 긴장감을 전혀 느끼지 않는다. 그 이유는 워낙 새로운 사람을 만나는 경험을 많이 접해 무뎌졌기 때문이기도 하지만 더 중요한 비밀이 있다.

　그건 바로 지금 내 앞의 상대방에게 내 모습이 어떻게 보이는지 머릿속에 상이 그려질 만큼 정확히 알고 있고, 대화 속 분위기 장면에 따라서 적재적소의 표정을 자연스럽게 연출할 수 있기 때문이다.

이게 가능하면 좋은 점은? 상대방에게 호감을 쉽게 얻어낼 수 있고 '지금 내 표정이 괜찮은가? 웃어야 하는 상황인 거 같은데 웃는 모습이 별로 안 예쁜데 어떡하지?'와 같은 고민을 하느라 상대방을 관찰하는 것에 에너지를 빼앗기지 않을 수 있다. 이후 STAGE 5에서 말하겠지만 유혹의 기본은 상대방을 면밀하게 관찰하는 것에서부터 시작하므로 유혹을 잘하기 위해서는 본인이 현재 어떤 모습으로 상대방에게 보이는지 파악하고 있어야 한다.

이러한 모습이 가능했던 비법을 묻는다면 단연코 '유튜브 촬영과 편집'이라고 답하겠다. 첫 유튜브 촬영 장면은 아직도 기억이 생생하다. 분명히 미리 준비해놓은 대본을 있는 그대로 읽으면 되는데 카메라를 앞에 두고 말하려니 입이 떨어지지 않았다. 주변에 아무도 없음에도 말이다. 나 또한 긴장감을 덜어내기 위해 맥주 한 캔을 마시고 촬영을 시작했을 만큼 이 레벨의 난이도는 결코 쉽지 않은 걸 알고 있다.

역경은 여기서 끝이 아니다. 10분 남짓한 영상 하나를 만들기 위해 내 얼굴을 계속 바라보고 목소리를 들으며 3시간 동안 나를 마주해야 한다. 하지만 이 과정이 있었기에 앞서 말한 여유로운 태도와 느긋하게 상대방을 관찰할 수 있었다. 반복해서 보면 처음에 보이지 않은 고쳐야 할 점들이 보인다. '내가 누군가의 말을 경청할 때 미간을 약간 찌푸리는 습관이 있었나?', '생각보다 말이 빠르네. 조금 더 천천히 말해야겠다'처럼 말이다.

2단계와 차이점으로 염두에 두어야 할 것은, 내가 잘 보이고자 의식하는 사람이 앞에 있는 것이라고 상상하고 자연스러운 연출력을 포함해야 하는 점이다. 본인이 결정한 이미지와 분위기를 나타내기 위해서는 어떤 요소를 연출해야 하는지 미리 계산한 후에 계속해서 시뮬레이션을 해보자.

여기서 보너스로 하나를 더 소개하면 삼각대를 활용한 영상 촬영뿐만 아닌 사진 촬영을 해보는 것이다. 타이머를 맞추어 놓고 남이 나를 찍어주는 것과 똑같은 상황으로 말이다. 가능하면 전신 촬영으로 표정을 넘어선 몸의 포즈까지 다양하게 연습해보자. 그렇게 만족스런 포즈를 스스로 취할 수 있는 뻔뻔함이 있어야 사람들이 많은 곳에서도 자기 검열 없이 자연스럽게 사진에 찍힐 수 있다는 것을 기억하자.

4단계. 혼자 백화점 명품관에 들어가서 구경만 하고 나올 수 있다.

뜬금없이 '웬 명품관 구경? 그게 무슨 이미지 연출에 도움이 되나?'라고 생각할 수 있다. 하지만 이렇게 하면 이미지 연출은 물론이거니와 많은 여성들이 가장 고치고 싶어 하는 어색하고 주춤주춤하는 태도를 고칠 수 있다. 나아가 보이는 시각적 이미지를 넘어서 마인드까지.

특정 물건을 사야겠다고 결심했더라도 명품관에 혼자 들어가 자연스러운 태도로 물건을 사고 나오기가 어렵다고 말하는 여성들이 많다. 입장과 동시에 나에게 집중되는 직원들의 시선과 내가 가는 곳마다 옆에 붙어서 친절한 서비스를 받는 것이 익숙지 않아 어떻게 대해야 할지 모르기 때문이다. 이러한 어색한 상황, 많이 경험해보지 못한 상황에 자주 노출되어야 남 눈치 보지 않는 '뻔뻔력'을 기를 수 있다.

한번 스스로에게 물어보자. 왜 그런 장소에 혼자 들어가 자연스럽게 행동하는 것이 어려운 것일까? 살 생각이 없는데 들어가는 게 미안해서? 그렇다면 직원의 관심을 받지 않는 SPA 브랜드 매장에서 쇼핑을 편하게 하는 이유는 무엇인가? 결국 남이 나를 계속 지켜보고 있다는 것에서 오는(그것도 나의 행색과 행동을 평가할 것 같은 느낌을 받는 사람에게) 압박감 때문일 것이다.

타인의 관심이 불편한 성격일 수 있다. 성격까지 바꿔가면서 4단계를 시도하라고 강요하고 싶진 않다. 그러나 인생을 조금 더 편하게 살기 위해서 도움이 될 수 있으니 눈 딱 감고 한번만 도전해보길 바란다. 막상 해보면 '별것 아니네'라고 느낄 것이다.

마지막으로 이 말을 들으면 조금 더 용기를 낼 수 있을 것이니

과감하게 말해보겠다. 그들에게는 당신이 수많은, 매일 보는 비슷한 손님 중 한 명이기에 당신에게 별 관심이 없다. 실컷 구경해놓고 물건을 사지 않는다고 해서 그들이 당신을 욕할 것도 아니고, 설령 당신이 가고 난 뒤에 욕을 한다 하더라도 뭐 어떤가? 당신이 잘못한 게 있지도 않은데. 남의 시선 말고 내 시선으로 세상을 살아가야 한다는 걸 명심하자.

표현

콘텐츠를 통해 나만의 캐릭터 만들기

01

말투로 격을 올리는 사람들의 습관

✧ 　　여기까지 따라온 당신이라면 이전의 모습보다 훨씬 업 그레이드되었을 것이다. 앞으로 어떤 삶을 살고 싶은지 사람으로서 그리고 여자로서의 욕망을 확실하게 파악했을 것이고, 그 욕망을 꿋꿋이 실현하기 위해 필요한 당신만의 담보도 하나씩 만들어가고 있는 상태일 것이다. 그렇게 내면과 외면을 단단하게 채우고 가꿔나가기 시작하면 무심코 스쳐 가던 사람들도 당신에게 관심을 갖기 시작할 것이다.

　당신이 원하는 걸 줄 수 있는 사람이 당신에게 시선을 고정시킨 후 또 다른 무언가의 가치를 발견하길 원하는 이 시점에서 해야 할 일은 무엇일까? 바로 '나만의 캐릭터로 매력적인 대화'를 이어 나가는 것이다.

앞선 사례에서 '입만 열면 깬다'는 여성 C의 에피소드를 기억하는가? 여기서 '깬다'의 의미는 입을 열기 전까지 그녀의 가치가 높았는데, 대화를 하면서 그 높은 가치가 낮아지는 것을 뜻한다. 어쩌면 단 한마디에도 우리의 이미지는 완전히 달라질 수 있다. 비속어 및 유행어를 지나치게 남발하여 진중함이 없어 보인다든지 혹은 상대의 기분을 상하게 하는 말을 아무렇지도 않게 하여 공감 능력을 의심해볼 수도 있다.

어떻게 하면 연출력을 통해 한껏 높여둔 내 이미지 가치를 대화에서도 유지할 수 있을까? 말투의 문제일까? 아니면 말(대화 능력)의 문제일까? 도대체 말을 잘한다는 건 무엇을 뜻하며 어떻게 노력해야 대화를 매력적으로 이어나갈 수 있을까? 다음은 컨설팅에서 말투 및 대화와 관련된 가장 많은 어려움을 겪는 부분을 요약한 것이다. 당신도 해당하는 것이 있는지 체크해보자.

자신감 없는 말투 3가지

여성들에게 고치고 싶은 말투로 가장 많이 언급된 것은 '자신감 없어 보이는 말투'였다. 말투의 어떤 요소가 당신을 자신감 없어 보이는 여자로 만드는지부터 알아보자.

1. '~인 것 같아요'를 무의식적으로 빈번하게 사용하는 것

비슷하게는 애매모호한 표현을 자주 사용하는 것이다. 10명의 여성을 컨설팅하면 7~8명이 여기에 해당될 만큼 모두가 한 번쯤 짚어봐야 하는 언어습관이다. '~인 것 같아요'는 추측의 의미가 담겨 있어 주로 미래에 대한 예측을 할 때 사용한다. 예를 들면 "내일은 비가 올 것 같아요"와 같은 경우다.

그러나 누군가 당신의 의견을 물었을 때 이런 말투를 사용한다면 우유부단하고 자신의 말에 책임을 피하고 싶어 하는 모습으로 보일 수 있다. 특히 애매한 상황이 아닌데도 매번 습관적으로 사용할 때 그렇다. 예를 들면 "A씨, 우리 이번 프로젝트 결과물에 대해서 어떻게 생각해?"라는 질문에 "잘 끝난 것 같아요"라고 대답하는 것, 또는 "B씨는 상대방에게 어떤 말을 들었을 때 가장 기분이 나쁜가요?"라는 질문에 "저를 인정하지 않는 듯한 말에서 기분이 나쁜 것 같아요"로 대답하는 식이다.

본인의 의견이나 감정은 자신만이 알 수 있는데 확신이 없다면 누구에게서 확신을 찾아야 하는 것일까? 왜 우리는 말끝마다 '~인 것 같아요'를 남발하는 것일까? 앞의 예시처럼 확실하지 않은 사실에 대해 함부로 말할 수 없어 안전책으로 사용하는 것일 수도 있지만, 많은 여성들이 이렇게 말한 가장 큰 이유는 상대의 기분을 필요 이상으로 신경 쓰기 때문이었다. '~예요', '~입니다'와 같은 말투는 단정적이어서 상대가 기분 나쁘게 받아들일 수도 있고, 차가운 인상을 줄 수 있을뿐더러 윗사람에게 사용했을 때에는 공손하지 않은 인상을 줄 수 있으니 이해는 한다.

이럴 때는 다른 표현 요소에서 부드러움을 더하는 방법을 활용해보자. "네, 잘 끝났습니다", "저를 인정하지 않는 듯한 말에서 기분이 나빠요"와 같이 표현하되 표정을 부드럽게 하거나 높낮이를 활용한 부드러운 억양으로 답변을 하면 된다. 또는 손짓, 몸짓 언어를 곁들임으로써 당신이 걱정하는 딱딱한 느낌을 주지 않을 수 있다.

다른 방법도 있다. '~인 것 같아요(좋은 것 같아요)'라는 문구 대신에 '~라고 생각해요(좋다고 생각해요)' 또는 문장 맨 앞에 '제 생각에는~(제 생각에는 좋아요)'라는 말로 바꿔 사용하는 것이다. 표정과 함께 또는 단독으로 사용해도 신경 쓰이는 부분을 해결하고 자신감 없는 느낌을 줄일 수 있을 것이다.

2. 말끝을 흐리거나 갈수록 목소리가 작아지는 것

본인이 내뱉는 말에 대해 자신이 없는 경우다. 해결방안은? 너무나 당연한 말이지만 설명하고자 하는 것에 대한 확실한 지식을 갖추고 있으면 된다. 실제로 이런 습관을 가진 여성들과 대화를 나눠보면 자신이 잘 알고 있다고 생각하는 분야에 대해서는 또렷하게 말할 수 있지만, 긴가민가한 부분에서는 문장 끝을 명확하게 끝내지 못한다고 한다. 확실하게 아는 것이 많으면 된다. 그렇지만 우리가 모든 분야의 내용을 박학다식하게 알 수는 없다. 그럴 때는 담백하게 "저는 ~라고 알고 있는데 이 부분에 대해서는 다시 한번 확실히 알아볼게요"라고 말하는 것이 훨씬 낫다.

'내용'에 대해 자신이 없는 경우 외에도 '상대의 기분과 눈치'를 보며 자신의 말을 검열하는 경우도 그렇다.

'내가 하는 말에 관심이 없어 보이는데 그만 말해야 하나?'

'지금 상대방이 내 말을 재미없다고 생각하면 어떻게 하지?'

특히 상대가 나보다 가치가 높은 사람으로 인식되는 경우라면 더욱이나. 이에 대한 해결책은 STAGE 1에서 배운 내용대로 착하게 보이고 싶은(상대의 마음에 쏙 들고 싶은) 마음보다 나의 의견 전달 또한 중요하다는 걸 명심하는 것이다.

3. '음…', '어…'를 자주 사용하며 단어 끝을 늘리는 것

일상생활 속 말하기는 감정선이 잘 드러나지 않아야 하는 업무적인 발표와는 달라서 자연스러움이 묻어나는 게 오히려 듣기 편안할 수 있다. 이런 의미에서 잠시 호흡을 고르거나 잠시 생각하고 대답해야 할 때는 필요하지만, '음…', '어…', '뭐랄까…'와 같이 망설이는 듯한 느낌의 추임새를 필요 이상으로 과하게 사용한다면 상대는 당신에게 확신을 얻지 못할 것이다.

누군가 당신에게 "우리 점심으로 뭐 먹을래? 먹고 싶은 거 있어?"라고 물었을 때 당신은 "음… 파스타 어때?"라고 대답했다. 사실 망설임 없이 "파스타 먹자!"라고 말할 수 있을 만큼 결정에 대한 확신이 있었지만 일부러 '음…'을 연출했을 수도 있다. 이건 문제가 되지 않는다.

상대가 나와 얼마나 친밀한 사이인지 또 상황이 어떤 분위기인지에 따라서 이 추임새의 역할은 달라지겠지만, 조심스럽게 말하고 싶은 건 아무리 당신의 의도가 관계의 긍정적인 측면을 위한 것이었다 하더라도 매 문장마다 활용한다면 상대방은 당신을 '줏대 없는 사람'으로 인식할 수 있다는 점이다.

용기 있게 마음을 들여다보자. 왜 우리는 명료한 느낌으로 "파스타 어때?"라고 말하지 않고 "음… 파스타 어때?"라고 말했을까? 내가 무엇을 먹고 싶은지 확실히 알지 못해서일 수도 있지만(이것도 마냥 좋은 답변은 아니다. 취향이 확실한 여자는 매력적이므로 본인이 지금 무엇을 먹고 싶은지 분명하게 알고 있자.) 나의 답변이 상대에게 거슬리진 않을까 하는 마음이 있어서가 아닐까? 자기주장이 강한 여자처럼 보이면 나를 불편해할 수 있으니 상대를 나보다 더 배려하기 위한 합리화가 아닐까?

이건 어디까지나 컨설팅에서 일부 여성들의 답변 및 나의 가정이므로 당신은 해당되지 않을 수도 있다. 그렇다면 그냥 '저런 경우도 있을 수 있나? 아무튼 나는 아니야' 하고 넘어가주길 바란다.

마지막으로 별 뜻 없이 습관적으로 내뱉는 경우가 의외로 많았다. 무의식적으로 습관이 돼버린 것이다. 이 글을 읽는 다음부터 본인의 언어습관을 의식해보자. 스스로 알아차리기 어렵다면 친구와 편안한 대화를 나눌 때 상대에게 양해를 구하고 둘의 대화를 약 10분간 녹음해봐도 좋다. 가능하다면 표정까지 함께하는 촬영이 더 효과적이니, STAGE 3에서 배운 뻔뻔함을 토대로 시도해보자.

목소리를 악기처럼 다루어라

모든 여성들은 자신의 말투가 품위 있고 고급스럽길 원한다. 내게 상담을 요청한 여성들은 자신의 문제점을 인지하지 못하는 경우보다 문제점을 인지하고 있지만 해결방법을 잘 모르는 경우가 더 많았다. 말의 속도가 빠르다든지, 시간 내에 하고 싶은 말이 많아서 횡설수설한다든지, 그녀들이 직접적으로 비유했던 표현을 빌리면 어린애가 칭얼대는 듯한 말투 등 가벼운 사람처럼 보이는 점을 고치고 싶다는 의지가 강했다.

목소리에 우아함을 더하고 싶다면 가장 먼저 할 일은 천천히 말하는 것이다. 여유로운 분위기란 공백에서 오는 것이므로 숨쉴 틈 없이 말하는 장면에서는 절대 여유로움을 느낄 수 없다. 특히나 흥분한 상태에서 말하면 음이탈이 발생하는 경우도 있으니, 당신이 생각하는 것보다 더 천천히 말을 하자.

어느 정도의 속도인지 감이 잘 오지 않는다면 시상식에서 여배우들의 수상소감 장면 혹은 당신이 닮고 싶은 여자 연예인이 인터뷰하는 영상을 찾아보길 바란다. 말투뿐만 아니라 표정이든 몸짓이든 단어 선택이든 닮고 싶은 분위기의 여자배우 영상을 찾아서 꾸준히 따라 해보자. 마치 영어 스피킹 실력 향상을 위한 섀도잉을 하는 것처럼 말이다. 이것보다 더 좋은 연출력 향상 방법은 없다.

차분한 말투를 위해 속도 다음으로 중요한 건 목소리의 크기이다. 보통 말이 빠르고 흥분한 것 같은 느낌의 목소리를 가진 사람은 자연스럽게 목소리의 볼륨도 큰 경우가 많다. 여기서 우리가 머릿속에 입력해야 할 단어는 '나긋나긋', '조곤조곤'으로 이러한 느낌을 떠올리며 부드럽게 말하는 습관을 들여보자. 이때 '소곤소곤'은 너무 속삭이는 듯한 말투라 자칫하면 자신감 없어 보일 수 있으니 강도를 적절하게 조절하자.

목소리를 내는 것에는 시간과 비용, 큰 에너지가 들지 않는 것이기에 의식 없이 편한 대로 말하곤 한다. 만약 한마디를 입 밖으로 내뱉는 데에 오랜 시간 또는 높은 비용이 들어간다면, 또는 하루에 말할 수 있는 말의 양이 정해져 있다면 그때도 신경 쓰지 않고 말할 수 있을까? 당신의 말투 하나하나가 품격을 결정한다는 사실을 잊지 말자. 당신의 목소리를 가장 훌륭한 악기 연주로 만들어보길 바란다.

02

무조건 성공하는 대화의 3요소

✧   말투에 이어서 말에서의 어려움 즉, 대화에서 여성들이
가장 고민하는 부분에 대해 알아보자. 모든 사람들과 대화를 잘
하기 위해 필요한 요소들을 중심으로, 일상에서 구체적으로 활
용할 수 있는 방법을 소개한다. 방법의 순서는 대화 시 현실에서
적용하기 쉬운 순으로 정리하였다.

1. 행동적 측면

상황에 맞는 리액션하기

당신은 리액션을 잘한다고 생각하는가? 이때 말하는 리액션
이란 단순히 '와~', '오~ 그렇구나', '정말?'과 같은 기계적인 반

응만을 의미하는 게 아닌 상대가 더욱 신나서 말을 계속 하고 싶도록 이끄는 추임새와 상황에 맞는 멘트를 의미한다.

예를 들어서 상대방이 "나 얼마 전에 처음으로 혼자 기차 여행 다녀왔어"라고 말했을 때 "그래?" 혹은 "그랬구나"라고 반응하는 것보다 "오! 혼자 기차 여행? 외롭진 않았어?", "첫 여행? 가장 처음으로 가고 싶었던 곳은 어디였어?"와 같이 상대방의 입장에서 쉽게 이야기를 이어나갈 수 있도록 다음 질문을 자연스럽게 리액션을 건네는 것이다.

그러면 상대방은 당신과의 대화에 편안함을 느낄 뿐만 아니라 본인의 입장을 공감받는 것과 같은 느낌을 받아 '이 친구랑 이야기하면 편안해. 계속 이야기하고 싶어'라는 생각을 심어줄 수 있다. 이때는 청각적 리액션과 더불어 시각적 리액션인 감정을 드러내는 표정과 몸짓 언어도 동반되어야 진짜 리액션임을 기억하자.

- **기능** 상대가 표현하고 싶고 공감받고 싶어 하는 감정 증폭시키기
- **예시** "정말? 말도 안 돼. 어떻게 너한테 그렇게 말할 수가 있어? 진짜 속상하겠다."

이때 중요한 건 언어적 리액션뿐만 아닌 말투와 표정, 제스처가 동시에 적절하게 어우러져야 한다는 점이다. 단, 너무 과도한 느

낌은 금지. 자칫하면 가벼워 보일 수 있다. 상대방과 상황에 따라 강도를 조절할 수 있어야 한다.

적절한 질문

수동적으로 상대방 이야기를 듣기만 하고 기본적인 리액션만 한다면 상대는 당신을 의견 없는 지루한 사람이라 생각할 것이다. 방금 들었던 이야기에서 당신이 더욱 듣고 싶은 이야기, 더나아가 능력이 된다면 상대가 당신에게 자랑하고 싶어 할 만한 부분을 콕 찝어 물어보자. 상대의 말에 리액션을 하는 것보다 조금 더 자세하게 그리고 당신의 생각이 더욱 드러날 수 있도록 말이다.

* **기능** 상대가 관심받고 싶거나 자랑하고 싶어 하는 이야기를 자연스럽게 꺼낼 수 있게 해주어 그의 기분을 좋게 만들기
* **예시**

A: "저는 퇴근 후에 매일 헬스장에서 운동하는 게 이젠 습관이 되었어요."

B: "그런 습관을 가진 사람은 100명 중 1명도 안 될 거 같은데 어떻게 하면 그럴 수 있는 거죠? 비법 좀 공유해 주세요."(질문)

다시 나에게 질문할 수 있도록 유도하는 대답

- **기능** 상대가 듣길 원하는 부분, 궁금해할 만한 부분 및 자신에게 도움이 될 부분에 대해 다시 나에게 질문할 수 있도록 유도하는 대답하기

- **예시**

A: "몸이 바로바로 변하는 게 눈에 보이니까 성취감이 들더라고요. 요새 '그룹 헬스'와 같은 개념으로 모르는 사람들끼리 조를 만들어 운동을 빠지면 벌금을 내는 등의 규칙을 만들어 소속감과 의무감으로 운동을 지속할 수 있게 만드는 헬스장이 많은데 제가 몇 군데 소개해드릴까요?"(대답)

새로운 화두 제시

상대방이 꺼낸 이야기에 대해서만 대화가 계속 진행되면 당신은 맞춰주는 입장에만 머무르게 된다. 상대에 따라 말하고 듣는 비율은 달라질 수 있겠지만, 새로운 화제의 내용을 툭 던지는 경우 상대의 궁금증을 자아낼 만한 소재거리어야 한다. 상대방이 들었을 때 들어도 그만, 안 들어도 그만인 정도의 내용이라면 차라리 꺼내지 않는 게 낫다(우리는 어쩌면 쓸데없는 말을 많이 해서 가치를 떨어뜨리기도 하니까). 새로운 화제를 어떻게 제시해야 하는지에 대해서는 콘텐츠 부분을 참고하자.

- **기능** 상대방이 관심 가질 만하거나 나에 대해 흥미를 유발시키게 만드는 화제 제시하기
- **예시**

B: "소개해 주시면 감사하죠. 요새 그런 분위기의 모임이 유행인가 봐요. 저도 비슷한 분위기의 스터디를 하고 있거든요. 최근에 블록체인에 관심 있다고 하셨죠? 안 그래도 지난주 주제가 블록체인이었거든요. 엄청 중요한 개념 한 가지를 배우고 왔어요(상대는 자연스럽게 이에 대해 흥미로운 태도로 질문을 할 수밖에 없다)."

2. 대화의 틀

문장 구조화 능력

이해하기 쉽도록 간결한 문장을 사용한다.

- **부적절한 예시** "저는 그와 비슷한 분위기의 재테크 스터디를 하고 있는데 음⋯ 블록체인에 요새 관심 생겼다고 하셨으니까 하나 말씀드리자면 안 그래도 지난주 주제가 블록체인이었는데 엄청 중요한 개념 한 가지를 배우고 왔어요."

- **적절한 예시** "요새 그런 분위기의 모임이 유행인가봐요. 저도 비슷한 분위기의 스터디를 하고 있거든요. 최근에 블록체인에 관심 있다고 하셨죠? 안 그래도 지난주 주제가 블록체인이었거든

요. 엄청 중요한 개념 한 가지를 배우고 왔어요."

묘사를 활용한 다양한 어휘, 맥락에 적합한 관용구

듣는 이로 하여금 상상력을 이용해 머릿속에 구체적인 장면이 그려지도록 말하는 것, 가능한 다양한 어휘를 활용해 지루함을 방지하는 방법을 활용해보자. 사용하는 몇 개의 어휘로만 당신의 의견이나 감정을 표현하고 있지는 않은가? 누군가가 이거 어떻냐는 질문에 '좋다', '재미있다', '맛있다'와 같이 일반적인 단어만 반복해서 사용하고 있지는 않은가?

만약 그렇다면 의식적으로 다른 단어로 대체하는 연습을 해보자. '좋다' 대신에 '마음에 들어', '재미있다' 대신에 '흥미롭다', '맛있다' 대신 '먹음직스러워 보이다'처럼 평소에 사용하지 않아 조금은 새롭게 느껴지는 단어들을 사용해보는 건 어떨까? 아주 미묘한 차이일지라도 상대방은 당신과의 대화가 조금 더 특별다고 생각할 것이다.

속담이나 사자성어 등을 활용해 의견을 간단명료하게 혹은 깊이 있게 표현하는 것 또한 언어의 묘미다. 친구와 함께 오래전부터 기대한 식당에 도착했는데 막상 휴점일이었을 때 "왜 하필 문 닫는 날에 왔을까?"라고 말하는 것보다 "가는 날이 장날이라는 말이 딱 맞네"라고 표현하는 것이 말에 풍부함이 느껴진다.

속상한 일을 겪은 친구에게 "힘내"라고 말한 뒤 "고진감래라는 말처럼 좋은 일만 앞으로 가득할 거야"라고 말해주는 것도 예시가 될 수 있다.

- **예시** "몸이 바로바로 변화는 게 눈에 보이니까 성취감이 들더라고요"라고만 말하는 것보다 "예전보다 어깨가 더 넓어져서 몸에 달라붙는 와이셔츠도 더 당당하게 입을 수 있고 힘도 천하장사처럼 더 세졌달까요? 좀 창피하지만 예전엔 바벨 스쿼트의 무게가 제 몸무게도 되지 않았는데 이젠 그 2배를 들 수 있게 되었거든요"와 같이 묘사를 활용하거나 숫자를 이용하는 것도 당신과의 대화를 즐겁게 만들어줄 것이다.

스토리텔링 능력

호기심과 긴장감, 집중력을 모두 놓치지 않도록 문장을 재배치함으로써 이야기의 흐름을 자연스럽게 이어나가는 능력이다.

'후킹하다'라는 표현을 들어보았는가? 유튜브 영상 초반부에서 시청자들의 이탈을 막기 위해 자극적인 내용으로 사람들을 오랫동안 영상에 머물게 하는 방법을 뜻한다.

이 방법은 글쓰기와 말하기에서도 적용할 수 있다. 초반에 간단한 한 마디로도 상대의 주의를 끄는 것이다. "너 그거 알아?",

"난 요새 이런 생각이 들더라", "나 얼마 전에 황당한 일 있었다?", "너한테 꼭 이야기하고 싶은 게 있어"와 같이 일단 어떤 느낌의 말을 할 것인지 분위기를 만들어 놓는다. 그 다음 지칭대명사를 활용해 그것이 무엇인지 뒤에 부연설명을 하는 식으로 말을 이어나가거나, 이야기의 목적을 초두에 밝힘으로써 상대방의 머릿속에 큰 틀을 그려 뒤의 내용을 쉽게 구조화시키는 식이다.

스토리텔링 능력을 기르기 위해선 많이 듣고 말해보는 건 기본이요, 구전동화와 같이 말로 전해져 내려오는 이야기를 텍스트로 접해 다시 나만의 방식으로 재구성해 말해보는 것을 추천한다. 라디오의 사연을 자주 들으면서 귀에 쏙쏙 들어오는 내용의 스토리 구조를 파악하는 것도 도움이 된다.

3. 콘텐츠(재료 준비)

지식

상대에게 정보를 전달할 수 있는 많고 다양한 내용에 대한 것이다. 어려운 지식일 필요 없이 상대방에게 도움이 될 만한 내용이면 무엇이든 좋다.

- **예시 1** "꽃을 좋아하면 나중에 남대문 꽃시장 한번 가봐. 일반 꽃집에서 파는 가격보다 훨씬 저렴하다고 알고 있어. 일반 시장 영업시간과는 다르게 새벽 3~4시부터 점심시간 정도까지 영업하

니 시간 확인해서 가보면 헛걸음하지 않을 거야."

- **예시 2** "레드와인의 종류는 다양하지만 우리나라 사람들이 즐겨 마시는 종류는 카베르네 쇼비뇽, 멜롯, 쉬라즈, 피노누아 등이 있어. 각 종류마다 탄닌, 바디감, 산도 등이 다르니까 테이스팅을 많이 해보고 본인에게 맞는 품종을 찾는 게 중요해. 혹은 선호하는 지역의 와인으로 구분하는 것도 좋고. 나 같은 경우는 나파밸리 와인을 좋아해. 그 이유는~."

경험담

예시 및 묘사를 통해 자신이 경험한 것을 감정 또는 의견과 함께 전달할 수 있는지에 대한 것이다.

- **예시 1** 오늘 아침 꽃시장에 다녀왔어. 너가 이야기했던 것처럼 가격이 정말 저렴하더라. 꽃집에서 장미 한 송이를 사면 5000원은 할 텐데 그곳에서는 5000원에 5송이도 살 수 있던걸? 물론 꽃을 다듬고 포장하는 비용은 들어가지 않은 거지만 집에서 꽃병에 꽂아두기 위한 용도로 나에게는 딱이더라고.

- **예시 2** 얼마 전에 처음으로 말백 품종의 와인을 마셔봤거든? 딱 내 스타일이더라고. 나에게 묵직한 바디감과 강한 탄닌이 느껴지

는 와인이 맞다는 걸 이제 알았어. 아르헨티나 말백 와인이 유명하다고 하는데 언젠간 꼭 그 나라에서 말백을 마셔보고 싶어.

인사이트

본인의 관찰 및 경험에서 나온 통찰력, 깨달음, 감동, 자극을 전달할 수 있는지에 대한 것이다.

- **예시 1** 일주일에 한 번, 요일을 정해놓고 꽃시장을 다니는 게 취미가 되었어. 처음엔 저렴한 가격으로 방에 꽃장식을 할 수 있어서 찾게 되었는데 이제는 꽃 다듬는 게 일종의 명상시간이 되었어. 아무 생각 없이 잎을 정리하고 꽃꽂이를 하다보면 힐링이 돼. 미적 감각도 길러지는 것 같고. 너도 한번 해봐.

- **예시 2** 나는 남자를 볼 때 그 사람의 성향, 성격을 가늠해보려고 이런 질문을 해.

"A씨는 어떤 술자리를 갖는 걸 더 선호하세요? 시끌벅적한 고기집에서 소주를 마시는 게 좋아요? 아니면 분위기 좋은 바에서 와인을 마시는 게 좋으세요?"라고 말이야. 물론 소비성향이란 변수가 들어가고 100% 맞진 않지만 지금까지 관찰한 결과 전자의 경우엔 성격이 털털하고 너스레를 떨줄 아는 일명 '사람 좋은' 남자였던 반면, 후자의 경우엔 본인만의 취향이 뚜렷하고 세심하며 감각적인 남자인 경우가 많았어. 아무래도 소주보다 와인의 종류가 훨씬 다양하고 음미할 수 있는 부분이 있으니까. 앞으로 사람 만날 때 그 사람의 선택을 유심히 관찰하고 분석해봐. 은근히 정보를 얻을 게 많다니까?

재치, 센스

대화를 잘하고 싶은 사람들이 가장 어려워하는 부분이다. 정해진 형식이나 방법이 있는 것이 아니고 단기간에 바짝 연습한다고 해서 얻을 수 있는 능력이 아니기 때문이다. 솔직하게 말해서 일정 부분 타고난 감도 필요한, 가장 난이도가 높은 부분이 아닐까 싶다.

어떻게 말을 해야 도대체 재치와 센스가 있다는 걸까? 일일이 특징을 말하기보다는 재치와 센스 없는 답변의 공통점에 대한 인식을 갖는 것이 감을 잡기에 더욱 효과적일 것이다. 그와 관련해 내가 내린 정의는 다음과 같다.

첫째, 뻔하거나 예측 가능한 답변이면 안 된다.

상대방이 어떤 질문을 던지거나 대화를 이어가기 위한 말을 하면서도 '이렇게 대답하겠지?'라고 충분히 예상되거나 혹은 나의 대답을 들었을 때 그 어떠한 감흥도 느껴지지 않는 누구나 할 수 있는 무미건조한 답변이어선 안 된다. 사람들은 언제나 평범한 것보다 색다르고 튀는 것을 원한다.

둘째, 말하고자 하는 바를 직접적으로 말하면 안 된다.

앞서 투명한 것은 매력적이지 않다고 언급한 적이 있다. 약간의 필터를 씌워 더욱 신비스럽고 궁금증을 자아내는 분위기를 만드는 건 이미지뿐만 아닌 말에도 적용 가능하다. 나의 단어 하나, 문장 한마디에도 알록달록한 옷을 입혀주자. 투명한 포장지보다 불투명한 포장지가 상대방의 기대감을 더욱 높여준다는 것을 잊지 말자.

셋째, 잘 모르는 화제에 대한 이야기도 그럴듯하게 아는 척하자.

대화를 나누다 보면 내가 잘 알지 못하는 주제에 대해 이야기를 주고받는 상황이 종종 발생한다. 특히 처음 보는 상대이거나 잘 보이고 싶은 상대 앞에서는 그 주제에 잘 모른다고 솔직하게 털어놓기 멋쩍을 수 있다.

이럴 때 어떻게 대처해왔는가? 물론 잘 모른다고 터놓는 방법도 상대방에게 진실성을 보이고, 상대가 알고 있는 것을 자랑할 수 있는 기회로 만들어줄 수도 있다. 하지만 매번 대화가 그런 식이라면? 자신과 대화가 통하지 않는 사람이라며 흥미를 잃을 수 있다. 이럴 때 대처방안으로 사용할 수 있는 노하우는 다음 챕터를 참고하자.

03

콘텐츠를 풍부하게 만드는 방법

✧　나는 이 글을 읽는 모든 여성이 '콘텐츠 있는' 여성이 되었으면 좋겠다. 내 인생을 재미있고 신나게 살아갈 수 있는 것은 물론 상대방에게도 매력적으로 비쳐져 나와 함께하고 싶은 열망을 심어줄 수 있기 때문이다.

많은 여성들은 내게 그 콘텐츠는 무엇이고 어떻게 기를 수 있는지 묻는다. 난이도별로 4가지 방법을 설명하려고 한다. 첫 번째로 소개한 지식적 콘텐츠를 쌓는 것이 가장 쉽고 간단하고, 다음 단계로 갈수록 풍부한 콘텐츠를 갖추는데 오랜 시간과 노력이 걸릴 것이다. 현재 당신이 어려워하는 단계는 몇 단계인지 다음 글을 통해 확인해보자.

1단계. 지식

어떤 결과의 완성도를 높이기 위해서 가장 효과적인 방법 중 하나는 그 과정에 필요한 재료를 최대한 많이 사용하는 것이다. 아는 것이 많으면 일단 말할 거리가 생기므로 말을 잘하는 것이 조금 더 수월해진다. 여기서 지식이란 말 그대로 알고 있는 모든 것을 뜻한다. 요즘 사회에서 이슈가 되는 정치적 현안부터 경제 상황, 역사적 사실, 좋아하는 작가의 책의 내용, 지금 듣고 있는 클래식이 어느 시대의 음악인지 등이다.

여기서 핵심은 이 지식적 정보를 내가 얼마나 많이 알고 있는지를 자랑하는 용도로 사용하는 것이 아닌 상대방에게 유용한 정보를 제공하는데 활용하여 상대가 나와 계속 대화하고 싶도록 만든다는 점이다. 그리고 여기서 정보란 꼭 깊은 지식일 필요가 없다. 인터넷 서핑 중 스쳐 지나간 내용도 포함될 수 있다.

이 글을 쓰기 전, 나는 자주 가는 단골 백반집으로 점심을 먹으러 갔다. 사장님께서 인사를 건네시는데 유심히 보니 오른쪽 귓등과 마스크 끈 사이에 휴지 몇 겹을 껴놓은 것이다. 그걸 보고 나는 "사장님, 왜 휴지를 그렇게 넣어두셨어요?"라고 물었고 사장님께서는 "마스크를 하도 오래 끼고 있으니까 귀가 아프더라고요"라는 답변을 주셨다.

그때 나는 얼마 전 마스크 걸이를 귀가 아닌 뒤통수에 걸 수 있는 형태의 마스크가 있다는 것을 알게 되어서 그 정보를 사장님께 알려드렸다(이때 사진을 보여드리거나 구매할 수 있는 링크를 알려드리면 더 좋다). 사장님께서는 "이런 게 있는 줄은 몰랐네요? 이 마스크 한번 써봐야겠다. 감사해요"라며 서비스로 내가 추가 주문하려던 계란프라이를 주셨다(우리의 목적은 인생을 편하게 사는 것임을 잊지 않았을 거라 믿는다).

이처럼 일단 가능한 모든 지식을 머릿속에 넣어두면 필요시 재빠르게 꺼내어 콘텐츠로 활용할 수 있다. 다시 한 번 강조하지만 그것의 종류와 깊이는 중요하지 않다. 어떤 말을 어느 상황에서 사용할 것인가와 관련된 타이밍도 중요한 만큼 머릿속에서 종류별로 정리를 해두자.

2단계. 경험담

지식 콘텐츠를 활용해 대화를 하면 상대방에게 유용함을 줄 수 있고, 경험담은 상대방에게 공감과 위로를 제공해줄 수 있다. 자신의 경험담을 통한 콘텐츠를 가능한 많이 만들기 위해서는 무엇을 해야 할까? 방금 문장에 이미 답이 나와 있듯이 다양한 경험을 최대한 접해보면 된다. 다양한 경험을 하는 방법에 대해서는 앞서 충분히 다뤘으므로 다른 시각의 팁을 공유한다. 그건 바로 지금 눈앞에 보이고 듣고 느끼는 것에 대한 감정을 있는 그대로 입 밖으로 꺼내는 습관을 들이는 것이다.

우리는 대화가 잘 통하는 느낌을 요새 말로 '티키타카', '핑퐁'이 잘 된다고 표현한다. 애초에 관심사가 비슷하거나 유머 코드가 맞는 경우도 있겠지만 여기서 말하고 싶은 건 나의 의견과 생각의 패를 일단 많이 펼쳐 놓아야 상대방이 나의 패를 보고선 '어? 이거 나랑 비슷하다. 이거에 대해서 질문해볼까?'라는 생각이 들 것이란 점이다.

얼마 전 친한 남자 지인의 데이트 경험담을 듣는 도중 그는 이런 푸념을 털어놓았다.

"다른 점은 다 좋았는데 대화가 너무 안 통하더라고. 내가 어떤 말을 해도 '네' 혹은 '아니요'와 같이 단답형으로 대답하고, 나에게 어떤 질문을 하거나 자신의 이야기를 도통 꺼내질 않는 거야. 한두 번이야 내가 대화를 이끌어 갈 수는 있지만 어떻게 매번 만날 때마다 내가 그럴 수 있겠어? 이래서 코드가 맞는 게 중요한 건가?"

나는 이 상황의 문제를 '코드 취향'이라고 생각하기보다 상대방의 적극성 문제라고 생각했다. 그렇게 판단한 이유는 컨설팅에서 만난 여성분들 또한 앞의 예시 여성과 같은 어려움을 겪는 것을 많이 보았기 때문이다. "소개팅에 나가서 어떤 말을 꺼내야 할지 모르겠어요"라는 고민의 원인은 대화 주제 중 아는 것이 많지 않아서일 수도 있지만, 더욱 결정적인 것은 낯선 상황에서 자신의 의견과 감정을 드러내는 게 익숙지 않기 때문일 확률이 높다. '이런 생각이 틀렸다고 생각하면 어떻게 하지?', '내가 느끼는 감정이 이상하게 보이려나?'와 같은 자기 검열 때문이다.

그냥 있는 그대로 이야기하자. 의외로 상대방의 호감을 쉽게 얻을 수 있다. 상대방의 옷이 마음에 든다면 "옷을 잘 입으시네요. 저도 그런 캐주얼한 스타일 좋아해요"라든지, 같이 길을 걷다가 느껴지는 여름 밤공기에 기분이 좋아졌다면 "저는 약간은 서늘하면서도 뭔가의 청량감을 주는 이런 밤공기가 좋더라고요"라고 말하면 된다. 카페에서 흘러나오는 음악이 귀에 익숙하다면 "이 노래 들어본 적 있으세요? 이 노래 처음 나와서 들었을 때가 엊그제 같은데 벌써 2년 전 노래네요"라고 할 수도 있다.

여기서 '펌퐁'이 될 수 있는 대화 소재가 얼마나 무궁무진한가? 어떤 옷 스타일을 주로 입는지를 시작으로 좋아하는 패션 브랜드 이야기와 어디서 옷을 사는지에 대해 대화를 이어갈 수 있고, 여름 밤공기 이야기를 시작으로 사계절마다 각기 달리 느껴지는 공기가 주는 분위기에 관한 대화로 감성적인 분위기를 만들 수 있으며, 2년 전 유행했던 노래로 그 당시 서로가 무엇을 하고 지냈는지 과거 이야기를 자연스럽게 들을 수도 있다.

나는 당신이 대화가 주는 설렘과 즐거움을 느껴봤으면 좋겠다. 사랑하는 사람의 미묘한 표정 변화를 관찰하며 그가 나와의 대화로 행복해하는 모습을 보는 충만한 감정도.

3단계. 인사이트

통찰력을 갖추기 위해서는 앞서 언급한 다양한 경험뿐만 아니라 그 경험들의 조합을 통해 창의적인 아이디어를 떠올릴 수 있어야 한다. 또 그 속에서 타인의 감정을 움직일 만한 결과를 얻기 위해서는 끊임없는 성찰이 필요하다. 이를 가장 효율적으로 수행할 수 있는 건 단연코 글쓰기다.

나의 글을 읽은 블로그 구독자들로부터 '인사이트가 뛰어나다'는 칭찬을 듣곤 하는데 그런 댓글을 받을 수 있는 이유는 관찰력과 분석력을 20년 넘게 길러왔기 때문이다.

어떤 글을 썼길래 20년이 넘었다고 말할 수 있냐 물으신다면 그건 바로 '일기'이다. 관찰력과 분석력이라고 해서 대단하고 거창한 것만을 대상으로 삼아야 하는 건 아니다. 일상생활 속에서 당신이 관심 갖는 모든 장면이 인사이트를 기를 수 있는 주제가 될 수 있다. 다음은 초등학생 때 적은 일기장의 내용 중 일부를 다듬은 내용이다.

'엄마에게 용돈을 달라고 말하는 타이밍의 중요성을 알게 되었다. 어쩔 때는 쉽게 용돈을 주시는 반면 또 어떤 상황에서는 왜 이렇게 돈을 많이 쓰냐고 혼이 나기도 한다. 이런 장면을 여러 번 관찰한 결과 공통점을 발견하게 되었다. 엄마의 표정과 말투를 관찰해보니 기분이 좋을 때는 입꼬리가 살짝 올라가 있고 목소리 톤이 살짝 높은 상태에서 약간의 리듬감이 느껴지는 반면, 곧 나에게 화를 내실 거 같은 때에는 미간 사이 미세한 주름이 보이며 평소보다 1.5배 빠른 목소리라는 것이었다. 기분이 좋지 않을 때에는 표정과 목소리 등 전반적으로 긴장한 느낌을 주는 듯한 이미지 요소가 있다는 걸 알게 되었다. 이를 활용해 앞으로는 용돈을 달라고 요구할 때 성공할 확률이 높은 타이밍을 알아낼 수 있을 것 같다. 다음번에는 이를 아빠에게 적용해서 이 생각이 맞는지 틀린지 실험을 해봐야겠다.'

이렇게 해서 '상대에게 요구하기 적절한 타이밍을 확인하는 방법'이란 주제의 글을 쓸 수도 있다. 인사이트의 깊이와 넓이는 반드시 나이에 따라 발전한다고 생각하지 않는다. 경험과 성찰, 그리고 다음과 같은 일련의 과정을 얼마나 거쳤는지에 따라 비례한다.

당신이 관찰을 통해 주변 현상에 얼마나 관심을 갖고 호기심으로 발전시키는지, 그 궁금증을 해결하기 위해 문제점을 파악한 뒤 일종의 가설을 세우고 그 내용을 논리적으로 풀어나갈 수 있는지, 그리고 그것들을 머릿속에서만이 아닌 글로 언어화시키는 과정의 어려움을 견디며 결론을 도출할 수 있는지.

이런 과정을 몇 십, 몇 백번 거치다보면 자신만의 인사이트가 담긴 콘텐츠를 차츰 만들어낼 수 있는 것은 물론, 문제해결 능력이 자연스레 길러져 당신의 고민을 스스로 해결할 수 있게 될 것이다. 나 또한 같은 방식으로 컨설팅을 진행하였고 고객들은 만족스러운 결과를 얻었다고 말해주었다. 그러니 일단 스마트폰을 잠시 꺼두고 당신을 둘러싼 모든 것들에 눈을 돌려보는 것부터 시작해보자.

나 같은 경우도 식당에서 혼자 밥을 먹을 때 급한 일이 있지 않고서는 휴대폰을 일부러 가져가지 않거나 잠시 꺼둔다. 그리고 주변의 것들을 살핀다.

내 옆 자리에 앉은 커플은 어떤 이유로 다투고 있으며, 대화 내용을 듣고 누구의 잘못인지 속으로 판단하기도 한다. 가게 안으로 들어오는 손님을 향해 인사하는 종업원의 표정과 태도를 바라보며 사장인지 아르바이트생인지 추측을 해본다. 메뉴판 가격을 보면서 된장찌개는 9,000원인 반면 김치찌개는 왜 8,000원으로 1,000원이 더 저렴한지 그 이유를 생각해본다. 이 모든 것들을 '관찰하기-호기심 갖기-문제점 정의하기-가설 설정하기-논리적으로 수행하여 결론 도출하기' 단계를 거쳐보길 바란다.

대화도 마찬가지다. 상대방에게 호감과 매력을 주는 대화방식도 이와 같은 단계로 진행하면 된다. 상대방의 말에 관심을 갖는 태도가 먼저이고(관찰), 단순히 듣는 걸 넘어서서 그 이야기를 들으며 궁금증을 떠올리고 '내가 그 상황이라면 어떻게 했을까?'와 같이 적극적인 경청이 필요하다(호기심).

당신이 진심을 다해 상대의 이야기에 관심과 호기심을 갖고 들으면 자연스러운 리액션은 저절로 나올 수밖에 없다. 그러면 더 이상 "상대방과 대화에서 어떻게 리액션을 보여야 할지 모르겠어요", "제 리액션은 너무 딱딱하고 부자연스러워요"와 같은 고민은 사라지게 된다. 본질에 집중하자. 재미있는 콘텐츠로 이야기를 이끌어 갈지 말지는 당신이 정할 수 있다.

4단계. 재치, 센스

다음 예시는 내가 실제로 사용했던 말 중 상대방이 좋아했던 멘트를 활용한 것이다. 가능하면 나의 답변을 가린 채로 당신이라면 어떻게 답변했을지를 먼저 상상한 다음에 보길 바란다. 센스 있게 말을 잘하기 위해선 이처럼 의도적인 훈련이 필요하다.

첫째, 뻔하거나 예측 가능한 답변이면 안 된다.

상황 1 당신 혼자 단골 가게에 점심을 먹으러 갔다. 식사를 마친 뒤 계산을 하는데 사장님이 말을 건넸다. "항상 저희 가게 찾아주셔서 감사해요." 이때 당신은 무엇이라고 대답할 것인가?

평범한 답변

"맛있어서 오는 걸요." "저도 서비스로 계란프라이를 주셔서 감사해요." 물론 잘못되거나 나쁜 대답은 아니다. 그러나 우리는 남들과 다른, 매력적으로 돋보이길 바라는 답변을 하고 싶은 만큼 약간 다르게 대답해보자.

신녀성의 답변

"여기보다 맛있는 곳이 있다면 다른 곳을 갔을 텐데 아무리 찾아도 없어서 계속 올 수밖에 없더라고요."
상대방의 기분을 좋게 만들어 주되 너무 직접적으로 말하지 않는 것이 핵심이다.
"여기가 제일 맛있어서 계속 오는 거예요."(×)

상황 2 당신은 남자친구와 여행을 떠나 숙소에서 마주 앉아 와인을 마시고 있다. 이때 이 와인은 당신이 준비한 것이며 남자친구가 "이 와인 정말 맛있다. 어디서 샀어?"라는 말을 했을 때 당신은 뭐라고 대답할 것인가?

평범한 답변

"오빠가 맛있다니 다행이다." "이거 ○○백화점 와인 코너에서 샀어. 다음에 또 사올게." 당신의 남자친구는 자신을 생각해주는 고마운 마음을 느낄 것이다. 그러나 이건 어디까지나 '고마운' 여자친구일 뿐 '매력적인' 여자친구로 인식되기에는 약간의 아쉬움이 있다.

신녀성의 답변

"오빠랑 오늘을 위해 마시려고 아껴둔 건데 그동안 맛있게 숙성되었나봐." 이 와인을 어디서 샀는지가 정말 궁금해서 물어본 것일 수도 있다. 그렇다면 위의 답변 이후에 다시 한번 어디서 샀는지를 물을 테니 그때 답변해주면 된다. 여기서 대화의 핵심은 남자친구가 여자친구에게 와인을 준비해준 것에 대해서 감사의 표시로 "맛있다"고 말했다는 것이다. 즉, 감정적인 측면이 더욱 중요한 메시지란 걸 염두에 두면 콘텐츠 중 '지식'이 아닌 '재치, 센스'를 활용해 더욱 큰 대화의 즐거움을 줄 수 있다.

둘째, 말하고자 하는 바를 직접적으로 말하지 말자.

상황 3 남자친구와 카페에 마주 앉아 각자의 노트북을 앞에 두고 일하는 중이다. 당신은 남자친구가 일에 집중하는 모습이 새삼스레 멋져 보였다. 이때 당신은 이 감정을 어떻게 표현할 것인가?

평범한 답변

"오빠 일하는 모습이 멋있어.""오빠가 멋지게 일하는 모습을 간직하고 싶어." 물론 감동적인 멘트다. 그러나 투명하고 직진하는 느낌이라 큰 재미는 없다. 그렇다고 느끼하지 않으면서도 담백하게 감동을 줄 수 있는 말은 없을까?

신녀성의 답변

휴대폰으로 그가 일하는 모습을 '아무 말 없이' 몇 장 찍곤 다시 일하기 시작한다. 일을 마친 뒤, 남자친구와 함께 식당에 가서 밥을 먹다가 비로소 아까 찍은 사진을 보여주며 말을 꺼낸다.

"오빠의 일하는 모습을 보는데 돈을 내야 한다면 나는 엄청 부자가 되기 위해 열심히 돈을 벌었을 거야." (그리고 아무 일 없었다는 듯이 다시 밥 먹기)

이때 핵심은 과한 표정과 말투가 아닌 담백한 분위기로 말해야 한다는 것. 절제된 표현일수록 그 감정은 더욱 돋보이기 때문이다.

상황 4 남자친구가 당신을 보고 너무 아름다운 여자친구를 사귀어서 행복하다고 말을 건넸다. 이때 당신은 어떤 멘트로 대응할 것인가?

평범한 답변

"(웃으며) 예쁜 여자친구 사귀어서 좋겠다." "(애교스러운 말투로) 행복하면 나한테 더 잘해주겠지?" 방금의 답변 또한 센스 있다고 볼 수도 있겠지만 우리의 기준은 높으니 조금 더 난이도를 올려 답변을 생각해보자.

신녀성의 답변

"오빠랑 같이 미술품 경매해야겠다." 남자친구가 말한다. "갑자기 웬 미술품 경매?" 이때 나의 답변, "아름다운 작품을 미리 알아보는 안목이 있잖아."

상황과 전혀 관련성이 없어 보이는 듯했지만 끝까지 들어보면 결국 연관된 멘트였다는 걸 알게 되었을 때 상대방은 당신의 센스에 감탄할 것이다. 즉, 직진 말고 한번 회전해서 돌아가는 것이다.

(이러한 재치 있는 상황을 재빠르게 이해할 수 있는 상대여야 함도 중요한 요소다.)

셋째, 잘 모르는 화제에 대한 이야기도 그럴듯하게 아는 척하자.

상황 5 소개팅에서 처음 만난 남자와 와인을 마시는데 와인을 주제로 이야기가 흘러갔다. 이때 상대방이 "저는 와인 중에서 말백 품종의 와인을 가장 좋아해요. 탄닌이 높아서 그 강렬함이 좋더라고요. 좋아하시는 품종의 와인이 있나요?"라고 물었는데 당신은 와인의 품종에 대해 전혀 알지 못하는 상황이다. 이때 당신은 어떻게 대답할 것인가?

평범한 답변

"제가 사실 와인에 대해서 잘 몰라서요." 그 다음 괜찮은 대답은 "제가 와인에 대해 잘 모르는데 설명해주실 수 있으세요?" 모른다고 해서 말을 끊는 것이 아닌 적극적인 태도로 대화를 이어가게 하는 모습이 더 낫다. 그러나 진짜 매력적인 답변은 따로 있다. 매력적인 사기꾼, 연출력이란 개념을 활용해보자.

신녀성의 답변

"탄닌이 강한 걸 좋아하시는구나. 전 약한 거를 좋아하거든요. 품종 중에 탄닌이 가장 약한 걸 어떤 거라고 생각하세요?"라고 말한 뒤 상대가 대답하면 본인도 그렇게 생각한다고 말하거나 혹은 뒷문장을 "품종 중에 탄닌 가장 약한 품종이…… 뭐였죠? 갑자기 생각이 안 나네요"라고 적절한 표정과 말투를 연출하고 상대방이 대답하면 "아! 맞아요. 전 그 품종이 가장 잘 맞더라고요"라고 이어가는 식이다. 탄닌이란 개념을 몰랐어도 된다. 대화 도중 퍼즐을 맞춰 나가 지금부터 알면 되는 거니까.

이 방법이 너무 어렵다면 굳이 모른다는 걸 언급하지 않은 채로 되묻는 "제가 어떤 와인 좋아할 거 같나요? 여태 나눈 대화를 토대로 맞춰보실래요?"라고 말의 방향을 상대방에게 넘기는 방법도 있다.

대화에는 정답이 없다. 나의 답변이 누군가에겐 따라 하고 싶은 답변일 수도 있고 또 누군가에겐 매력적이지 않을 수도 있다. 중요한 건 늘상 하던 대답 말고 '어떻게 하면 상대방이 들었을 때 더 흥미를 가질 수 있을까?'라고 끊임없이 생각하고 적극적으로 시도해보는 것이다. 너무 신나지 않는가? 매 순간 대화 능력을 키울 수 있는 기회가 있다는 것이.

04

대화할 때
여성들이 가장 많이 하는 고민과 해결방법

✧　　　다음 내용은 여성들이 대화에서 가장 어렵다고 말한
상황 3가지를 상황 정의, 원인, 해결방안 순으로 정리한 것이다.
10명 중 7명이 여기에 해당될 만큼 꽤 많은 여성들이 공통적으
로 하는 고민이다. 당신에게도 해당되는 내용이 있는지 확인해
보자.

1. 과도하게 자신을 낮추는 듯한 태도

앞서 말했듯이 남에게 대접받는 사람이 되려면 나 스스로가
대접받을 만한 자격을 갖췄다는 것을 인지하고 그런 태도를 몸
에 배도록 연습하는 것이 첫 번째 할 일이다. 여기서 '대접받을

만한 사람이 보이는 태도'라는 것이 타인을 무시하는 듯한 태도와 '나만 가장 잘났다'는 듯한 이기적인 분위기를 뜻하는 것이 결코 아니다. 앞서 말한 공주, 왕비와 같은 태도를 기억하는가? 올곧은 자세에 당당한 시선 처리와 빛나는 눈빛. 스스로에게 최고의 경험만 제공해주고 싶기에 자기 자신을 아낄 줄 알고, 그런 그녀를 바라보는 주변 사람들 또한 그녀를 함부로 대할 수 없는, 그런 분위기를 말하는 것이다.

그렇다면 이와 반대로 대화에서의 어떤 태도가 자신을 낮추는 듯한 느낌을 주어 상대로 하여금 나를 만만하게 보게 만드는지 알아보자.

첫째, 불필요한 '죄송합니다'의 표현을 남발하는 것

죄송할 때는 당연히 죄송하다고 말하는 것이 옳고, 감사하다는 마음을 전하고 싶을 땐 진심을 담아 전달하는 것이 맞다. 그러나 여기서 핵심은 '불필요하게 남발하는 것'이다. 죄송하지도 않은 상황에서 '죄송한데'라는 말을 덧붙이는 건 왜일까? 이유는 2가지일 것이다. 하나는 사과의 기준이 낮아서 일반적으로 사람들은 죄송할 일이라고 생각하지 않는 상황을 혼자서 죄송하다고 생각하는 것이고, 나머지 하나는 죄송한 일이라고 생각하진 않지만 착한 척하느라 습관처럼 말하는 것이다.

예를 들어, 당신이 옷 가게에 들어가 옷을 구경하려는 상황이다. 마음에 드는 옷을 발견해 조금 더 가까이 보고자 옷에 다가갔는데 당신 앞에 어떤 사람이 서 있어 그 옷을 자세히 볼 수 없었다. 조금 기다리면 다른 곳으로 이동할 줄 알았지만 계속 기다려도 비키지 않아 당신이 상대방에게 이렇게 말을 건넸다.

"죄송한데 잠깐만 비켜주실 수 있을까요? 저 옷을 좀 보고 싶어서요."

만약 이렇게 말했던 경험이 있는 사람이었다면 스스로에게 물어보자. 그 사람에게 무엇이 죄송한 것이었을까? 상대방이 집중해서 옷을 보고 있는데 그걸 방해하는 것이 죄송한 것인가? 그렇다면 당신은? 당신의 시간 또한 소중하며 보고 싶은 옷을 가까이 가서 볼 수 있는 동등한 위치임에도 왜 당신만 배려해야만 하는가? 물론 이 상황에서 '죄송한데'라는 표현을 쓰는 것이 자신을 낮추는 태도가 아닌 오히려 상대방을 배려하는 태도라고도 볼 수 있다. 그렇지만 이와 같이 사소한 상황에서 약간의 과장된 예시를 든 이유는 다음과 같다. 많은 여성들로부터 필요 이상으로 그리고 습관적으로 '죄송하다'는 표현을 사용하는 것을 고치고 싶다는 말을 들어왔기에 이 글을 읽는 독자 중에서도 해당되는 경우가 있지 않을까 하는 생각에서다.

이번엔 다른 원인을 살펴보자. 만약 상대에게 죄송한 걸 느끼지 않고 예의상 말한 것이었다면 조심스레 말하고 싶다. 그러한 행동들이 여태 쌓이고 쌓여 당신의 이미지로 굳혀진다면 사람들은 당신을 그다지 조심스럽게 대하지 않을 거라는 것을. 별것도 아닌 일마다 죄송하다고 말하는 사람에게는 자신감이 없어 보일 수밖에 없다. 본인은 그렇게 생각하지 않을지라도 남들은 그렇게 볼 수 있다.

"죄송하지만"이란 말을 문장 앞에 덧붙여 부드러운 뉘앙스를 전달하고 싶다면 "실례합니다만"이란 어휘로 바꿔 사용해보자. 비슷한 의미와 기능이지만 한 끗 차이로 당신의 이미지가 달라질 수 있다. 그러니 정말 죄송하다고 말해야 하는 순간에만 죄송하다는 표현을 사용하자. 진심을 담아 간결하고 명확하게 한 번의 사과로 충분하다. 굽신거리는 태도로 여러 번 죄송하다고 말하는 것 또한 당신의 품위를 낮추는 일이란 걸 염두에 두자.

둘째, 과도한 쿠션어 사용과 쉽게 당황하는 듯한 태도

여성들은 보통 관계 지향적인 성향을 갖고 있기 때문에 상대방의 기분이 상하지 않도록 말하고자 하는 내용을 돌려서 말하곤 한다. 이와 비슷한 맥락으로 전달하는 내용이 너무 직접적으로 느껴지는 걸 막기 위해, 부정적 내용을 최대한 기분 상하지 않게 전달하기 위해 또는 무언가를 부탁하는 입장에서 공손한 태도를 나타내기 위해 문장 앞에 완충적인 뉘앙스를 풍기는 '쿠션어'를 추가하기도 한다.

당신이 필요로 하는 옆 테이블의 의자를 가져오고자 할 때 상대방에게 "의자를 가져가도 될까요?"라고 바로 묻는 것보다 "실례지만 의자를 가져가도 될까요?"라고 말하는 것("죄송합니다만"이라고 하지 말자), 어떤 일을 상대방에게 요청하려고 할 때 "오늘까지 마무리해 주세요"라는 말 앞에 "바쁘시겠지만"이란 말을 붙이는 것이 당신을 조금 더 배려심 있고 예의 있는 사람으로 보이게 만드는 것은 모두 쿠션어의 역할이다.

쿠션어와 비슷한 기능을 하는 것이 또 한 가지 있다. 그건 바로 리액션 중 하나에 속하는 '추임새'이다. 누군가가 "실례지만 의자를 가져가도 될까요?"라고 당신에게 물었을 때 "네, 가져가셔도 돼요"라고 말하는 것이 아닌 "앗! 네! 가져가셔도 돼요!"와 같은 반응은 깍듯함을 넘어선 과한 느낌을 상대방에게 전달할 수 있다. 이때 눈이 커지며 놀란 듯한 표정을 지으면 당신의 이미지는 더욱 가벼워 보일 것이다(실제로 이미지를 표현하는데 있어서 '가볍다', '무겁다'를 사용하는 기준을 불필요한 말을 하진 않는지, 몸가짐과 행동이 요란하지 않는지로 구분한다).

이렇게 긍정적인 기능의 쿠션어와 추임새를 사용하는 것이 왜 문제가 될 수 있을까? '과도한', '필요 이상'으로 사용했을 때 당신의 이미지는 자신감 없어 보일 수 있기 때문이다. 많은 여성들은 "프로페셔널한 이미지를 갖고 싶어요", "일을 똑 부러지게 해낼 것 같은 느낌을 주고 싶어요"라고 말한다.

쿠션어를 사용하는 자신감 없어 보이는 이미지와 똑 부러지는 커리어우먼의 이미지는 동시에 가질 수 없다. 그 중간의 이미지인 부드러운 카리스마를 표현하고 싶다면 이렇게 하자. 불필요한 쿠션어와 추임새 대신 입꼬리를 살짝 올리거나, 눈썹을 약간 치켜올려 부드러운 분위기를 전달해보자. 부드러움을 꼭 언어적 요소에서만 찾을 필요는 없다. 매번 쿠션어를 사용하지 않는다고 해서 당신이 배려심 없고 이기적인 사람으로 비쳐지지 않는다. 어쩌면 누군가에게는 착하지 않은 사람으로 비쳐질 수는 있지만 꼭 착한 사람으로 비쳐져야 하는 이유 또한 없지 않은가?

셋째, 침묵을 견디지 못하는 태도

예상치 못한 답변이었는데 의외로 꽤 많은 여성들이 고민으로 답변한 내용이다. 낯선 사람 특히 나보다 가치가 높아 보이는 사람 앞에서는 침묵을 견디기가 어렵다는 것이다. 나아가 그 침묵을 어떻게든 자신이 먼저 깨기 위해 스스로를 낮추는 말을 하는 경우도 있다는 것이다. 표면적으로 드러나는 문제의 해결책은 간단하다. 어떻게든 입을 열지 않고 침묵을 견디는 것이다. 하지만 이런 방식이 크게 효과적이지 않은 이유는 당신의 내면이 불편하여 스트레스를 받을 것이기 때문이다. 그러니 인식의 변화를 시도해보자. 도대체 왜 침묵에 불편함을 느끼는 것일까?

사실 어색한 상태에 불편함을 느끼는 건 인간의 본능이다. 당신이 느낀 감정을 상대 또한 느꼈을 수도 있다. 그러나 상대방은 그 침묵을 자연스럽게 견디거나 넘기는데 왜 당신은 그 상황을 어색하게 받아들이는 것인지에 대해 생각해볼 필요가 있다(이런 상황을 일종의 주도권 싸움인 파워게임이라고 생각하지 않아 스트레스 받지 않는 사람에게는 해당되지 않는 말일 수도 있다. 물론 무조건 먼저 침묵을 깬다고 해서 주도권을 내어줬다고도 볼 순 없다. 어떠한 태도로 대화를 진행하는지 자세한 확인이 필요하지만 여기선 상황의 단순화를 위해 이와 같은 시각으로 설정하였다).

이 원인 또한 당신의 욕망, 자존감 및 착한 척하는 것과 연관이 있을 수 있다. 스스로의 담보가 부족해서 상대방보다 나의 가치가 낮다고 판단해 내가 상대방에게 맞춰줘야 한다고 생각했거나, 미움받고 싶지 않은 두려움이 커서 상대를 편안하게 해주기 위한 행동이었을 것이다.

만약 당신이 어떠한 상황에서 공백을 어려워한다면 그 장면을 조금 더 분석해보자. 모든 장면에서 어려움을 느끼진 않을 것이니 내 앞에 있는 상대가 누군지에 따라 달라지는 것인지 혹은 특정 주제의 이야기를 마친 다음의 침묵이 불편했던 것인지 등을 살펴보자. 그리고 당신 또한 침묵을 자연스러운 대화의 일종이라고 생각하고 넘길 수 있기를 바란다.

2. 거절과 요구가 어려워 원치 않는 행동을 하는 경우

거절과 요구를 어려워하는 여성들이 많다. 이때 거절과 요구라는 단어에서 느껴지는 강경한 이미지를 부드럽게 바꿔서 생각해보는 것은 도움이 된다. 일명 '부드러운 거절과 상냥한 요구'이다.

거절이 꼭 단호하지만은 않다. 누군가가 당신에게 어떤 부탁을 청해왔는데 당신은 거절하고 싶은 상황이다. 이때는 앞서 언급했던 쿠션어를 활용해서 "나도 너무 도와주고 싶지만 아쉽게도"와 같은 문장을 덧붙여도 좋고 "다음번 또 이런 일이 있으면 그땐 도와주도록 할게"처럼 마지막에 나의 마음을 담아 전달해도 좋다. 혹은 거절할 수밖에 없는 이유를 상대방이 납득할 수 있도록 구체적으로 설명해주는 것도 당신이 거절하는데 미안한 마음을 덜 갖게 만들어줄 것이다.

요구 또한 마찬가지다. 요구라고 해서 "~해줘"라는 식의 강경한 태도를 보이는 것은 아니다. 이런 인식 때문에 자신이 원하는 것을 상대방에게 전달하지 못한다면 요구라는 말 대신 제안, 부탁과 같은 단어로 개념을 바꿔보자. "~해줄 수 있을까?", "~를 부탁하고 싶은데 괜찮을까?"처럼 상냥한 요구는 얼마든지 가능하다. 자신이 요구, 제안, 부탁하는 이유를 함께 설명하면서 원하는 바를 명확히 표현하는 연습을 해보자.

3. 무슨 말을 해야 할지 모르겠는 경우

가장 많은 고민 1등으로 꼽힌 답변인 만큼 어려움의 원인도 다양하다. 지금까지 언급되었던 모든 것들이 종합결과라고 생각해도 좋다. '내 말이 재미없으면 어떻게 하지?'와 같은 눈치 보기와 자기 검열, 주변의 사물과 사람에 대해 관심 없음, 관찰력과 호기심 부족, 일상생활에서 재미있고 신나는 일들이 없기에 말할 거리가 없는 것 등이다. 해결방안은 콘텐츠를 풍부하게 만드는 방법을 참고하자. 여기서는 내가 낯선 사람과도 익숙지 않는 주제로 대화를 잘할 수 있는 이유를 함께 설명해보겠다.

첫째, 대화에서 나보다 상대가 즐거워야 한다고 생각한다.

나도 대화에서 흥미를 느껴야 그 사람과의 관계를 지속할 수 있는 건 맞지만, 내가 상대방에게 즐거움을 주는 대신에 나 또한 그로부터 내가 원하는 무언가가 있고 그걸 얻는 것이 가장 중요한 목표이므로 대화 장면 속에서 상대의 욕망 및 결핍에 집중하는 편이다. 그러다 보면 대화에 몰입이 되어 상대방에게 궁금한 것이 많아지고, 저절로 자연스러운 리액션이 나오게 된다.

둘째, 내가 대화의 판을 깔고 상대가 말하도록 만든다.

대화의 비율은 6:4 혹은 7:3이 적당한 수준으로 상대의 비중을 더 많이 두어야 한다. 이때 중요한 건 상대가 관심 있어 하는 대화 소재가 무엇인지를 빠르게 파악해 그가 자신이 아는 것을 자랑하듯이 즐겁게 말할 수 있는 분위기를 조성하는 것이다. 상대의 이야기를 경청하며 조금 더 부연설명할 수 있는 부분에서는 적절한 리액션과 함께 질문을 던져보자. 어떤 분위기로 대화의 판을 펼쳐 나가야 하는지 궁금하다면 유명한 인터뷰 진행자 또는 리포터의 대화를 참고해보자.

이때 역시나 중요한 건 당신이 실제로 궁금한 것이 계속 떠오를 만큼 경청하는 것이며 '이런 질문을 해도 괜찮을까?'와 같은 생각은 버려야 한다는 것이다. "저는 낯선 사람이랑 제가 잘 모르는 주제로 대화를 나누는 게 너무 힘들어서 에너지를 다 써버릴 정도에요"라는 이야기를 종종 듣는다. 원인은 간단하다. 당신의 진심이 아닌 거짓의 마음을 보여주는 척했기 때문이다. 만약 상대방이 재미없는 이야기를 계속한다고 가정해보자. 이때 당신이 상황을 도움되는 방향으로 바꾸는 방법은 2가지다. 첫 번째는 상대의 기분이 상하지 않도록 웃는 표정으로 너스레를 떨면서 "이제 그 이야기 너무 많이 들어서 외울 거 같아. 다른 이야기 좀 해줘요"하며 당신의 솔직한 심정을 말할 수도 있고, 두 번째로는 그만했으면 하는 마음을 버리고 관심을 갖고 경청해보는 것이다. 그래도 관심이 가지 않는다면 이젠 당신이 재미있는 이야기를 꺼내 보자. 이것 또한 우리가 키워야 하는 능력이니까.

마지막으로 내가 대화를 잘할 수밖에 없는 이유는 머릿속으로 거의 항상 상황을 시뮬레이션 하기 때문이다. 예를 들어 오늘 저녁에 새로운 사람과 일대일 만남을 한다면 자기 전날부터 그 사람과 어떤 대화를 주고받을지 머릿속으로 장면을 상상하며 실제 멘트를 만들어 나간다. 그러면 머릿속으로 오답노트를 매 순간 하는 것과 똑같기에 말하기 실력은 저절로 향상될 수밖에 없다.

만약 당신이 어떤 만남 후 집으로 돌아왔는데 내가 말한 내용과 방식이 마음에 들지 않았다. 그러면 스스로가 만족하는 멘트를 찾아낼 때까지 계속 머릿속으로 대답해보는 것이다. 상상력 또한 풍부해지니 이 얼마나 좋은 방법인가? 앞으로 '어떻게 하면 대화를 잘할 수 있을까요?'라는 말은 이러한 방법을 모두 활용해본 이후에만 사용하자. 하지만 위의 방법을 모두 자신의 것으로 만들어 나간다면 그런 질문은 더 이상 필요 없을 것이다.

05

나만의 브랜딩을 위한
필수 요소 3가지

◇   나의 모든 것이 기호이자 곧 브랜드가 되는 시대이다. 퍼스널 브랜딩이 무엇인지 여기서 설명할 필요가 없을 만큼 '나를 브랜딩한다'는 개념은 더 이상 낯설지 않다. 누구는 취업에 성공하기 위해 포트폴리오로 자신을 효과적으로 드러낼 수 있는 SNS를 준비하고, 누구는 애초에 취업보다 자신을 아이템 삼아 창업을 선택했다고 말한다. 자신의 업무적 역량 또는 개인적인 생각, 본인의 라이프 스타일을 고려해 자신과 가장 잘 맞는 SNS 내에서 브랜드 활동을 하면서 말이다.

이 글을 쓰는 나 또한 '신녀성'이라는 브랜드 네임을 갖고 있다. 솔직히 말하면 애초부터 의도하고 나를 브랜딩시킬 생각은 없었는데 이제 와서 돌이켜보니 내가 밟아온 과정이 브랜드를 만드는 과정이었고 자연스럽게 직업으로도 연결이 되었다.

이 글을 읽는 당신은 스스로를 한 단어로 표현할 수 있는 브랜드 네임이 있는가? 흔하고 평범한 단어가 아닌 나만의 고유명사의 브랜드 네임 말이다. 당신 또한 고유의 브랜드를 갖추길 바라는 마음으로 신녀성은 퍼스널 브랜딩을 어떻게 시작하고 이어나갔는지에 대한 나의 이야기를 들려주려고 한다. 이를 통해 나만의 브랜드를 만들기 전략을 당신도 활용했으면 하는 바람이다.

스스로 브랜드가 되어라

일단 자기 자신이 브랜드가 될 만한 가치가 있는 사람이라고 믿는 것부터가 시작이다. 단순히 '나도 오늘부터 퍼스널 브랜딩을 시작해야지'와 같은 다짐 차원이 아닌 '내가 이렇게 멋지고 사랑스러운 사람이란 걸 사람들에게 알리고 싶어'라는 본인 가치에 대한 확신이 있어야 하고, 지금보다 더 높은 가치를 지니려면 끊임없이 개발하는 적극적인 태도가 필요하다.

우선 자신이 왜 괜찮은 사람인지를 스스로에게 납득시킬 수 있도록 주장과 근거를 적어보자. 그 근거는 본인만의 생각이 아닌 경험과 성과로 타인을 설득할 수 있는 것이어야 한다. 나는 '신녀성'이란 닉네임으로 22살에 블로그를 시작해서 올해 10년째 글을 이어가는 중이다. 처음 블로그를 시작한 이유는 단순했다. 나의 하루는 너무나도 재미있고 다양한 에피소드가 많은데 이걸 그냥 흘려보내기가 아쉬웠을 만큼 나의 일상을 기록하는 글이 가치가 있다고 믿었기 때문이다. 그리고 그 글로 타인에게 긍정적 영향을 끼칠 수 있을 거라 생각했다.

당신은 어떠한가? 남들이 나를 평가하기 전에 스스로가 괜찮은 사람이라는 확신이 있는가? 만약 그렇지 않다면 어떠한 점이 부족하다고 생각하고 그걸 메우기 위해 당장 해야 할 일은 무엇이라고 생각하는가? 그 차이를 채우면 당신의 담보와 가치는 저절로 올라갈 것이며 브랜딩의 첫 단계를 완수한 것이다.

가치를 높이는 방법 1. 정체성 확립

20대 초반부터 지금까지 갖고 있는 취미이자 습관이 하나 있다. 펜과 종이가 보이면 종이 가운데 나의 이름을 적고 나와 관련된 모든 키워드를 적어 점차 단어를 확장해 나가며 나를 특정할 수 있는 단어들을 추려내는 것이다. '마인드맵'이라고 볼 수도 있겠다. 어떤 단어를 적어나가야 할지 막막하다면 다음 2가지 틀을 따라보자.

먼저, 시점으로 분류해 적어나가는 것이다. 현재 이 순간의 내가 지니고 있는 사회적, 개인적 특징들(나이, 전공, 직업, 취미, 특기 등)과 미래에 앞으로 갖추고 싶은 특징들을 함께 적어보자. 지금의 내 모습만이 내가 아니다. 되고 싶은 모습 또한 나인 것이다. 그러다 보면 자연스럽게 현 상태에서 더 높은 가치를 갖기 위해 어떤 부분을 변화시켜야 하는지 구체적으로 알 수 있고, 변화를 실행하는 순간 이미 당신은 한 단계 '밸류업value up'하게 된다. 무의식적으로 되고 싶은 나를 계속 상상하며 그 모습을 이뤄가기 위한 동기 부여는 덤이다.

다음은, 나와 연관된 특징을 품사에 따라 구별하는 것이다. 크게 '명사, 형용사, 동사'로 구분해 적으면 조금 더 수월하다. 당신을 나타낼 수 있는 명사는 무엇이 있을까? 지금과 같이 확실한 브랜딩이 되기 전의 평범한 나를 예시로 설명해보겠다.

전공인 '체육교육', 이전에 직업으로 가졌던 '요가 강사'도 적어보겠다. 브레인스토밍brainstorming 활동에서 중요한 건 '이런 걸 써도 될까?'와 같이 검열을 하지 않는 것이다. '글쓰기와 독서, 말하기'에도 관심이 많으니 이것 또한 적고, 내 삶의 질을 높여주는 '와인'과 '재즈'도 옆에 추가. 학생 때부터 줄곧 관심 갖고 도전해온 '창업'이란 키워드도 적었다.

여기서 끝이 아니다. 단어 옆에 조금 더 깊이 세분화시켜 새로운 단어를 나열해 나가는 것이다. 글쓰기 옆에는 블로그, 독서 옆에는 여성 자기계발서, 말하기 옆에는 컨설팅, 와인 옆에는 와인바 탐방, 창업 옆에는 무자본 창업을 적는 식이다.

이번에는 본인을 표현할 수 있는 형용사를 적어보자. '도전 정신이 뛰어난', '계획적인', '감정이 풍부한', '남의 말을 잘 들어주는' 등 스스로 성격을 정의 내리기 어렵다면 요즘 유행하는 MBTI에서 본인이 해당하는 유형의 특징을 적어 봐도 좋다.

정체성을 올바르게 확립하기 위해서는 자신의 성격과 성향이 어떤지 잘 알고 있어야 한다. 당신은 어떠한가? 스스로의 성격을 잘 알지 못하면 앞으로 인생에 있어 중요한 선택을 내릴 때 성공보다 실패할 확률이 높다. '직업을 선택할 때 어떤 가치를 가장 중요시할 것인지', '사람들과 어울리는 걸 좋아하는지 혼자 있는 걸 좋아하는지', '어떤 성격의 남자친구를 만나야 가장 마음이 편한지'와 같이 만족도를 최대한 높일 수 있는 결정을 내려야 인생에서 남은 시간을 불행보다 행복한 감정으로 채울 수 있다.

이러한 측면에서 더 행복한 결정을 내리기 위해 즉, 나의 진짜 성격을 알기 위해서 2가지 측면에서 노력을 해왔다. 낯선 환경에서 다양한 사람들을 만나면서 당시 느껴지는 나의 감정을 성찰하고, 전문가의 도움을 받아 객관적인 심리검사를 받았다.

절대적인 성격이 상대적으로 바뀌게 되는 이유는(나의 성격이 좋은지 나쁜지, 내 성격이 어떤 상황에 잘 맞고 맞지 않는지 등) 편한 장소에서 나 혼자만이 살아가는 것이 아닌 다양한 환경에서 예상치 못한 사람들과 마찰을 일으키기 때문이다. 문제를 풀 때 맞은 문제보다 틀린 문제를 오답노트에 적어 여러 번 보는 것이 다음 시험에서 높은 점수를 받는데 유리한 것처럼, 가능한 자극적인 경험에 나를 노출시키는 경험을 무수히 쌓아가도 알게 모르게 부족함을 느꼈다.

'내가 아는 내가 진짜 내가 맞는 걸까? 모든 생각과 경험을 나만의 틀에 갇혀 재해석하는 건 아닐까?'

그렇게 선택한 것이 성격과 관련된 심리검사를 받는 것이었다. 직업 선택에 필요한 가벼운 느낌의 적성 및 흥미 검사부터 나도 모르는 성격적 어려움이 있진 않은지를 알아볼 수 있는, 전문가의 해석이 필요한 검사까지 받았다. 해석 결과를 전적으로 신뢰해 모든 결정을 내리는 건 조심해야 하는 부분이지만, 마주하고 싶지 않았던 내면의 또 다른 나를 만날 수 있는 기회가 될 수 있으므로 경험이 없다면 받아보는 것을 추천한다.

대학생이라면 교내 학생 생활 상담소와 같은 기관이 접근성이 좋을 것이고, 대학생이 아니어도 편안한 마음으로 방문할 수 있는 상담소들이 검색해보면 많을 것이다. 마음의 건강검진이란 생각으로 주기적으로 검사를 받아보자.

가치를 높이는 방법 2. 차별화

다양한 방법으로 알게 된 본인의 성격을 나열했다면 이러한 특성을 바탕으로 어떤 일을 할 수 있고, 나에게 어떤 일이 가장 적합한지를 다음 단계와 연관 지어 생각해보자. 마지막으로는 동사와 관련해 당신이 잘할 수 있거나, 하고 싶은 것들을 행동적 측면에서 적어보는 것이다.

'누군가를 가르치다', '물건을 팔다', '관계를 이어주다', '책을 쓰다' 등과 같은 형태로 적어 앞서 나열했던 명사와 형용사를 자유롭게 결합해보는 것이다. 앞서 언급했던 단어 '와인', '창업', '사교적인', '관계를 이어주다'를 조합한다면 '모르는 사람들과의 관계를 연결해주는 와인 모임을 내가 만들어 볼까? 나는 사람과 금방 친해지니까 잘할 수 있을 것 같은데'와 같은 아이디어를 떠올릴 수 있고 나를 나타내는 단어들로 구성된 것이므로 오로지 나만이 할 수 있는 일이 된다.

실제로 위에서 설명한 방식 그대로 나에게 적용해 '와인살롱'이라는 이름의 모임을 주최한 경험이 있다. 비슷한 가치관과 취향을 가진 여성들끼리 고급스러운 분위기에서 와인(내가 좋아하는 와인을 하나의 이미지로 홍보하여)을 마시며 서로가 서로에게 도움을 줄 수 있는 관계로 그녀들을 이어주는(주최자의 사교성이 필요한) 일이었다. 이런 일을 누구나 쉽게 할 수 있는 일이라고 생각하지 않는다. 남보다 우월하다는 의미가 아닌 남과 다르다는 측면의 뜻이다. 저런 키워드를 동시에 충족시키는 사람이 과연 몇이나 될까? 수요는 많은데 공급이 없는, 이것이 바로 가치를 높이는 두 번째 방법인 차별화 전략인 것이다.

남들보다 뛰어날 수 있는 방법은 2가지다. 남들보다 압도적으로 월등한 실력을 지녔거나 first or best, 남들이 쫓아할 수 없는 특별함을 지녔거나 only one.

'신녀성'이란 브랜드의 차별한 전략은 무엇이었을까? 나는 '2030 여자 자기관리'라는 주제로 글과 영상을 만드는 콘텐츠 크리에이터이며 자기관리라는 대표 키워드 아래 크게 6가지의 세부 분야(부지런한 루틴, 독서와 글쓰기, 이미지 메이킹, 다이어트와 운동, 재테크, 자존감과 인간관계 및 연애)를 모두 다루고 있다.

2년 전 처음 유튜브를 시작했을 때만 하더라도 여성이 운영하는 자기계발 채널이 거의 없었을 뿐더러 여성의 자기계발이라고 하면 주로 다이어트를 포함하는 외모관리 방법 또는 연애를 중심으로 한 인간관계, 자존감에 치중되는 경우가 많았기에 자연스럽게 나의 채널이 완벽한 삶을 꿈꾸는 여성들에게 눈에 띄게 된 것이다. 그리고 이 글을 쓰는 시점을 기준으로 아직까지 위의 주제들을 관련성 있게 모두 다룰 수 있고, 각 분야마다 어느 정도의 경력과 전문성을 갖춘 크리에이터는 아직 보지 못했기에 많은 이들이 나를 찾아준 것이라 생각한다.

이처럼 당신만의 정체성 키워드를 나열한 다음에 결합시킬 수 있는 부분을 최대한 스토리텔링으로 교집합시키면 차별점을 찾을 수 있다는 것이 핵심이다.

이번에는 크리에이터 신녀성이 아닌 일상에서 차별화를 통해 가치를 높였던 경험을 공유하고자 한다. 대학생 시절부터 학업과 병행하며 요가 강사로 일을 해왔다. 당시 기준으로 시급이 보통 3만 원 정도였다면 나의 시급은 그의 2배, 많게는 그 이상이기도 하였다. 남들보다 높게 받을 수 있었던 이유는 차별화였다. 일반 강사들과 달라 대체될 수 없음을 넘어서 시급을 주는 고용주 입장에서 놓치고 싶지 않은 강사였기 때문이다. 어떻게 대체될 수 없는 강사가 될 수 있었을까? 분야는 다를 수 있지만 당신이 속해 있는 분야에 대입해서 같이 생각해보자.

우선 남들이 갖춘 조건은 동일하게 갖춰 놓는 것은 기본이다. 일반적으로 생각하는 요가 강사의 이미지와 같이 차분한 분위기와 건강하고 날씬한 몸을 원하는 수강생에게 신뢰를 줄 수 있는 관리된 느낌을 갖춰야 하고, 꾸준한 참여를 유도하는 흥미로운 교수법 연구는 필수다.

진짜 승부는 지금부터다. 주부 및 학생과 직장인이 참여하기 애매한 시간대인 오후 3~5시를 어떻게 활용하면 좋을지 고민하는 원장님께 한 가지 제안을 드렸다.

"원장님, 그 시간대에 어린이나 초등학생을 대상으로 한 요가 클래스를 만들어보시는 건 어떨까요? 스스로가 등록 여부를 결정하는 성인과 달리 아이를 학원에 보내는 어머니 입장에서는 강사가 얼마나 학생을 가르치기에 전문성이 있는지를 중요하게 여기니 체육교육 전공자에 정교사 2급 자격증이 있는 저를 대표 강사로 내세워 홍보하시면 교원자격증이 없는 강사의 수업보다 눈에 띌 수 있겠죠.

아차, 그리고 어머니들은 아이들 영어 교육에 관심이 많으실 테니 '키즈 영어요가'라고 또 하나의 클래스를 개설하는 것도 좋은 방법이지 않을까요? 아이들이 요가를 즐기면서 동시에 영어까지 배울 수 있다는 장점을 강조하면서요. 물론 수강료는 일반 클래스보다 더욱 높게 책정하시고요. 이것도 제가 한 번 맡아볼게요. 마지막으로 요즘 학원 홍보는 블로그 마케팅이 가장 효과가 좋으니 제가 학원 블로그를 만들어서 마케팅해 보려는데 어떠세요?"

원장님은 너무나도 기발한 아이디어라며 이런 제안을 드린 내가 오히려 갑의 위치가 될 만큼 원하는 페이와 근무환경을 모두 맞춰주셨다. '교원자격증, 아이들에게 요가로 수업을 가르칠 수 있는 능력, SNS를 활용한 마케팅 역량' 그리고 이 모든 것을 서로 원원할 수 있도록 협상을 제안하는 용기까지 모든 걸 교집합시켜 몸값을 높일 수 있었다. 이 중에서 당신이 갖추고 싶은 교집합은 무엇인가? 또는 이미 갖추고 있는 능력이지만 활용해 볼 생각을 미처 하지 못했던 분야가 있는 건 아닐까?

이와 같은 전략은 비단 직업적인 영역, 면접 시장과 비즈니스 시장에만 적용될 수 있는 건 아니다. '데이트 시장', '결혼 시장'이라고 불리는 남녀 간의 만남에서도 마찬가지다. 한 가지의 능력만 갖춘 사람보다는 두루두루 뛰어난 면모를 지닌 사람이 더욱 선호되는 것처럼 나 또한 그런 사람이 되면 된다. 누구나 나만큼 잘난 혹은 나보다 조금 더 높은 가치를 지닌 배우자를 만나고 싶어 할 테니까 말이다.

06

나를 브랜드로 만들기 위한 8단계

✧   우리는 경험이 곧 자격증이자 브랜드가 되는 시대에 살고 있다. 더 이상 치열한 경쟁률을 뚫고 시험에 합격하지 않아도, 몇 년간의 연습생 시기를 거쳐 소속사를 통해 데뷔하지 않아도 스스로 역량을 발휘하여 취업 시장에서 높은 가치를 인정받을 수 있고, 대중으로부터 선택받을 수 있다.

나를 브랜드로 만들기 위한 방법은 생각보다 어렵지 않다. 현재 내가 안고 있는 문제점은 무엇인지 분석하고 여기에 대한 해결방법을 하나씩 알아보자.

문제점 1. 경험이 없다.

당연한 말이지만 아웃풋output을 내려면 인풋input이 있어야 한다. 내가 어떤 사람인지 알려면 그간 경험을 통해서 성찰을 해야 하는데 그 '성찰'할 거리가 없으면 쉽지 않다. 생각보다 많은 여성들은 크고 다양한, 그리고 어쩌면 위험할 수도 있는 모험을 한 경험이 별로 없다. 여기서 내가 말하는 경험이란 당연히 동네에서 친구 만나 맛집 가고, 친구 여러 명 우루루 몰려서 여행하는 것이 아니란 것을 알 거다.

최대한 낯설고 신선한, 그래서 조금은 두렵기도 한 경험을 해야 새로운 아이디어가 떠오르고 영감을 받는다. 안전지대에서만 머물기에 당신의 잠재력이 아깝지 않은가? 나아가 위기상황에 어떻게 대처하는지를 확인함으로써 내가 몰랐던 나를 알 수도 있다. 그러니 당장 나가서 나의 알을 깨주는 새로운 무언가를 시도해보자.

문제점 2. 성찰, 반성이 되어 있지 않다.

이 단계에서는 경험을 성찰하고 반성함으로써 자신의 흥미와 적성을 반드시 찾아야 한다. 흥미란 내가 어떤 일을 할지에 관한 '소재'이다. 예를 들어 '빵을 좋아한다'면 빵이 '흥미의 대상'이 되는 것이고, 적성이란 내가 일에 있어서 지닌 '역량'이 되는 것이다.

이때 '손으로 만드는 걸 좋아한다'면 빵을 직접 만드는 일을 할 수도 있다. 또는 '기획하고 카피 쓰는 일에 재능이 있다'면 베이커리 관련 기업에 취직해서 빵이 잘 팔릴 수 있도록 기획할 수 있다. 이때 직접 발로 뛰며 탐구하는 걸 좋아하면 전국 빵집을 가보고 나만의 시각으로 포스팅 또는 유튜브를 해볼 수도 있다.

이렇게 흥미와 적성을 결합시켜서 나의 '일'을 찾아내야 한다. 그러니 작은 경험이라고 생각될지라도 흘려보내지 말고 분석해보자. 당신이 최근에 가장 많은 시간과 비용을 투자한 곳을 나열해보는 것도 큰 도움이 될 것이다.

문제점 3. 포트폴리오(이력서)가 없다.

내가 현재 가지고 있는 무기들이 무엇인지를 일단 정리해봐야 한다. '무기'라는 것은 나를 시장에 놓았을 때 팔 수 있는 조건과 상대에게 나의 가치를 입증할 수 있는 객관적인 요소들이다. 예를 들면 학벌, 전공, 자격증, 수상경력, 인턴경력, 대외활동, 창업경험, 봉사활동 등이다.

이것을 이력서에 모두 적어서 정리해보자. 이때 더욱 중요한 것은 미래의 가상 이력서를 적어보면서 무엇을 더 채워 넣어야 하는지를 깨닫고 실행하는 것이다. 당연히 목표가 명확해지면 시간을 낭비할 확률이 줄어들게 된다.

문제점 4. 나만의 차별점, 경쟁력이 부족하다.

포트폴리오를 작성했는데 무언가 남다른 게 없다면 그것 또한 문제이다. 당신은 대체될 수 없는 사람이 되어야만 비싸게 팔린다는 걸 명심하자. 그게 아니면 언제든 하나의 부품처럼 다른 누군가에 의해 바뀔 수 있을 수 있다.

당신은 분명 남들과 다른 차별점과 경쟁력을 갖추고 있다. 그런데 그걸 모르고 방치하고 있는 것은 내 인생에게 너무 미안한 마음이 들지 않는가? 차별점을 찾는 방법은 앞 챕터의 '가치를 높이는 방법 2. 차별화'를 참고하자.

문제점 5. 나만의 스토리가 부족하다.

차별점과 경쟁력을 갖추어 사람들이 관심을 갖기 시작했는데 흥미롭고 단단한 알맹이가 없으면 그것 또한 실패다. 예를 들어 신녀성이란 캐릭터의 경쟁력 및 차별점으로 자기관리를 잘하는 여성이고 여러 분야(운동, 글쓰기, 재테크, 인간관계 등)에서 다재다능한 모습을 보였다면 이후에는 '왜' 자기관리를 잘하게 되었고, '어떻게' 하였는지 그 과정과 방법에 대한 이야기를 들었을 때 궁금증이 생기고 계속 보고 싶도록 흥미를 자극해야 한다.

신녀성의 스토리는 2012년부터 지금까지 블로그에 꾸준히 작성해온 포스팅에서 확인할 수 있다. 만약 이 과정이 없었다면 내 블로그에 들어온 사람들이 재미있다고 생각했을까? 나는 아니라고 확신한다. 그러니 자신만의 재미있는 이야기를 '연출'해보자. 항상 강조하지만 모든 건 연출이다. 아무리 좋은 강점을 갖고 있어도 이걸 적재적소에 배치하지 못하면 쓸모가 없어진다. 그래서 '시나리오를 잘 짜서 연출하는 것'은 매우 중요하다.

문제점 6. 나를 표현할 수 있는 '키워드, 문장'이 없다.

누군가가 당신에게 "당신은 어떤 사람이에요? 자기소개를 해주시겠어요?"라는 부탁을 받았을 때 이름, 출신 배경, 학교, 전공, 직업 말고 말할 수 있는 게 있는가? 만약 누군가 나에게 똑같이 묻는다면 "자유를 사랑하고 당당한 태도와 열린 마음가짐으로 세상을 탐구하는 사람이에요"라고 말할 것이다. 오글거린다고 생각하지 말자. 뻔뻔해져야 성공한다. 여기서 '자유', '당당함', '자신감'이라는 키워드가 나를 나타내는 것이다.

또는 본인의 콘텐츠를 업로드하는 채널의 성격을 한마디로 나타낼 수 있어야 한다. 내 블로그의 현재 슬로건은 '당신의 젊음을 아름다움과 욕망에 투자하세요'이다. 이처럼 자신을 브랜딩해 팔 때 그 대상만이 가질 수 있는 특별한 키워드가 있어야 한다. 혹은 그게 꼭 자신이 아닌 자신이 만든 상품이여도 마찬가지다. 그게 아니면 수많은 경쟁 상품에 밀려서 소리 소문 없이 사라져 버릴 것이다.

문제점 7. 타깃팅과 포지셔닝이 제대로 이루어지지 않았다.

자, 이제 당신이라는 상품이 어느 정도 완성되었다면 당신이 팔릴 시장을 분석해야 한다. 모든 건 지피지기 백전백승이니까. 현재 당신이 팔 물건 혹은 자신의 브랜드의 시장 상황이 어떤지, 블루오션인지 레드오션인지 또는 경쟁자들의 공통적인 특징은 무엇인지 등이다. 나아가 내가 공략할 대상은 누구인지를 파악한다.

〈신녀성〉이라는 브랜드로 2030 여성을 대상으로 하여 콘텐츠를 올리고 컨설팅을 진행하는 것처럼 당신이 팔 무언가를(꼭 돈이 오가는 것이 아닌 당신의 글과 영상이 조회수를 얻는 것도 팔리는 개념이다.) 살 대상의 연령, 성별, 취향 등을 고려해야 한다. 이것이 바로 타깃팅 targeting이다.

포지셔닝 positioning은 내가 그 시장에서 어떠한 이미지로 위치를 선점할 것인가에 대한 답이다. 예를 들어 내가 운영하는 컨설팅 회사인 〈레미장센〉이 2030 여성들을 대상으로 최초의 자기관리 컨설팅을 실시한 곳이라는 설명처럼 '최초'라는 이미지를 내세울 수도 있다. 자세한 건 마케팅 관련 서적을 참고하자.

문제점 8. 나에게 적합한 채널이 없다.

나라는 상품을 브랜드화시켰고 어떤 시장에서 누구를 대상으로 팔 것인지도 정했다면 다음은 나를 홍보할 차례다. 이때 고려해야 할 요소가 홍보 방법이다. 길에서 전단지를 나눠주는 고전적인 방법, 사람들에게 전화를 거는 텔레마케팅, 인플루언서를 통한 바이럴 마케팅 등 모두 좋다.

요즘 같은 시대에 SNS를 이용할 생각을 하지 않는 사람은 없을 것이다. 유튜브, 블로그, 인스타그램, 브런치, 틱톡 등 다양한 플랫폼에 자신을 노출해야 한다. 그렇다고 무분별하게 동일한 콘텐츠를 복사해서 붙여넣기 하는 식으로 여기저기 올리는 것이 아닌 각 플랫폼마다 가장 효과적인 콘텐츠의 성격에 맞도록 올려야 한다. 진행하다 보면 본인에게 가장 잘 맞는 성격의 SNS가 무엇인지 알게 될 것이고 그 채널을 중심으로 다양한 활동을 펼쳐나가면 된다.

나 같은 경우도 유튜브, 블로그, 인스타그램을 모두 운영하고 있지만 올리는 콘텐츠의 색깔은 각기 다르다. 각 플랫폼의 성격이나 그 플랫폼에 기대하는 구독자의 성향에 따라서도 콘텐츠를 표현하는 방식이 달라질 수 있다.

집중력을 크게 필요로 하기보다 지나가듯 볼 수 있는 가벼운 내용 및 연출력 개념 설명에 필요한 표정의 연속적인 변화, 목소리와 말투, 제스처 등을 보여주어야 하는 콘텐츠는 '유튜브'에 주로 올린다. 반면 내용의 깊이와 무게감을 실어야 하는 경우는 '블로그'에, 일상 속 나의 취향을 드러내고자 할 땐 '인스타그램'을 사용하곤 한다. 각 플랫폼의 성격을 파악하고 나를 어디에 홍보할 것인지 전략적으로 계획해보자.

STAGE 5

매력

은밀하면서 우아한 권력 갖추기

01

먼저 당신의 세계를 즐겁게 만들어라

✧　　대한민국 2030 여성이라면 누구나 한 번쯤은 고민해봤을 법한 사연을 수없이 들으며 그녀들에게 다양한 해결책을 제시해 주었다. 그리고 그 내용의 마지막을 당신에게도 공유하려고 한다. 시작하기에 앞서 이 STAGE는 앞 내용을 확실하게 이해하고 소화한 사람만이 효과적으로 받아들일 수 있다는 걸 말하고 싶다. 나와의 관계에서조차 주도권을 잡지 못하는 사람은 타인과의 관계에서 주도권을 잡을 수 없기 때문이다.

여성들의 연애 고민을 들어보면 8할은 남자와의 관계 문제라기보다 자신의 문제이다. 자신감이 없어서 충분히 믿음직한 남자를 믿지 못한다든지, 자신의 일상에 재미있는 게 연애뿐이기에 남자에게 집착한다든지, 또는 본인의 모습을 있는 그대로 급하게 보여줌으로써 상대방의 호기심을 끌지 못한다든지 말이다.

　종종 여성들이 "저는 항상 퍼주는 연애만 해요. 왜 그런 걸까요?"라고 묻는다. 이유는 간단하다. 당신의 에너지를 자신에게 저장해놓기 보다는 남자에게만 쏟고 있으니까, 스스로 주도권을 갖고 개척해나가는 인생보다 저 남자 옆에서 의지한 채로 살아가는 것이 더 편할 것 같으니까, 그곳에 시간과 감정을 베팅betting 하는 게 더 높은 수익률을 얻을 수 있을 것 같으니까 모든 자원을 퍼주는 것이다. 안타깝지만 그 투자는 잘못되어도 한참 잘못된 방식의 투자다.

　연애의 어려움을 겪는 여성들에게 가장 처음 묻는 질문이 있다.

　"당신이 만약에 남자라면 당신 같은 여자를 만나고 싶을 것 같나요?"

　"당신을 어떻게든 유혹하고 싶어서 안달 나 있을 것 같나요?"

　유혹이란 상대방을 내 세계를 궁금하게 만들어 다가오게 만드는 것이고, 그렇게 기웃거리다 빠져들게 만들려면 일단 내 세계가 재미있는 게 우선이다. 자기 자신에게 반하지 않은 상태에서 누구를 유혹할 수 있을까? 나 자체로 매력이 넘치는 사람이어야 그 매력이 궁금한 상대방이 끌려오는 것이다. 그렇기에 "어디 가면 멋진 남자를 만날 수 있을까요?", "어떻게 하면 상대방이 저를 쫓게 만들 수 있을까요?"는 어쩌면 무의미한 질문일 수도 있다.

매번 연애가 어려운 사람은 내면에 불안함을 갖고 있을 확률이 높다. '내가 멋진 남자를 만나지 못하면 어떻게 하지?'와 같은 생각부터 '이 사람은 왜 나한테 이것밖에 잘해주지 않는 거지?'에 대한 불만과 '알고 보니 전 여자친구가 대단한 사람이었으면 어쩌지? 내가 보잘 것 없어 보이진 않을까?'와 같은 과거 연인에 대한 질투까지 모두 자신의 매력에 대한 확신이 부족해서 생기는 문제점들이다.

결국 상대방 문제가 전부는 아니라는 것이다. 그 사람과의 관계에서 당신이 최고의 연인이라고 믿어라. 그리고 실제 그렇다는 담보가 있을 수 있도록 스스로의 가치를 높이고 상대방에게 미련이 남지 않을 만큼 최선을 다해라. 관계에서 발생하는 문제의 원인은 의외로 우리에게 있을 수도 있다. 상대가 아닌 자신을 믿어라. 그렇다면 더 이상 잘 보이려고 애쓰는 가짜의 모습을 보일 필요도 없다. 왜? 이미 잘난 사람이 되었기 때문에.

잘난 사람이 되는 방법은 앞서 담보를 얻는 방법에서 설명했다시피 당신의 어제가 뿌듯하고 오늘이 즐거우며 내일이 기대되면 된다. 유혹을 쉽게 하는 방법은 크게 2가지다.

- 반복적인 일상을 살아가는 사람에게 새로운 세계를 보여주는 것
- 나만큼 혹은 나보다 재미있는 일상을 살아가는 사람보다 내가 더 신나는 세계에 살고 있다는 것을 보이는 것

어떤 걸 선택하고 싶은가? 당신 그리고 상대방이 처한 상황에 따라 방법은 다를 수 있겠지만 중요한 건 내 인생이 즐거워야 한 다는 것이다. 그런 의미에서 물어보겠다.

지금 당신의 세계는 흥미로운 일들로 가득 차 있는가?

02

잘 노는 여자가
원하는 인생을 살 수밖에 없는 이유

✧　　'STAGE 1~4'와 'STAGE 5'의 가장 큰 차이점은 바로 내가 통제할 수 있느냐 없느냐이다. 내가 욕망하는 것이 무엇인지 알고 인정하는 것, 스스로 확신하기 위해 노력하는 일, 되고 싶은 이미지를 연출하고 매력적인 화술을 뽐내는 것 또한 나의 의지로 충분히 변화 가능한 일이다. 그러나 내가 좋아하는 그 사람이 나를 좋아하게 만드는 건 나 홀로 노력으로 되는 일이 결코 아니다. 더군다나 오랜 시간 동안 열심히 한다고 해결되는 것도 아니다.

좋은 대학에 가거나 높은 대학 성적을 얻는 일, 안정적인 직장에 취업을 준비하는 등 고군분투하는 삶의 대처했던 방식과는 다르다. 그렇기에 답이 정해진 한 목표만을 바라보고 주입식 교육을 받은(심지어 말 잘 듣고 착하게 행동하라는 말까지 들으며) 우리에게는 어려울 수밖에 없다. 오히려 유혹을 잘하는 사람은 쉽게 표현해 많이 놀아본(?) 사람이다. 우스갯소리로 '잘 노는 여자가 시집도 잘 간다'는 말이 있지 않은가? 개인적으로 동의하는 문장이다. 다양하고 수많은 놀이 경험을 통해 내가 무엇을 가장 욕망하고, 무엇에 가장 결핍을 느끼는지를 정확히 파악할 수 있는 성찰을 할 수 있기 때문이다.

여기서의 경험이란 꼭 이성과의 만남을 의미하는 것만은 아니다. 본인이 무엇을 할 때 가장 행복한지를 느낄 수 있는 모든 행동을 포함한다. 그러면 그 행복한 순간을 함께 공유할 수 있거나 자신이 느끼는 행복한 순간에 필요한 것들을 쉽게 제공해줄 수 있는 상대를 만나면 되는 것이기 때문이다. 그게 바로 진정한 의미의 '시집을 잘 갔다'는 것이다. 나와 가까운 만족스러운 결혼생활을 이어나가는 두 여성의 예시를 들어보겠다.

A는 자신의 커리어에 욕심이 많은 여성이었다. 비교적 이른 나이부터 자신의 분야에서 경력을 쌓다가 얼마 전 목표했던 자신만의 회사를 차리게 되었다. 그녀는 경제적, 사회적 위치에 대한 성취욕이 높은 편이므로 회사의 빠른 성장을 위해서 밤낮없

이 일하며 그 과정에서 큰 행복감 느낀다고 말했다. 또 자신이 일에 집중할 수 있도록 도와주는 남편의 역할이 없었으면 불가능했을 것이라고 전했다.

아이를 갖고 싶지 않다는 자신의 의견을 존중하고 가사에 나보다 더 많은 시간을 쏟아주는 남성을 찾기란 결코 쉽지 않았으며, 유능한 여성 사업가가 되고자 하는 자신을 배려해주고 응원해주는 남편이야말로 자신이 찾던 남자라고 말이다.

이번엔 B의 이야기다. 그녀의 꿈은 현모양처로 자신은 좋은 아내와 엄마가 되는 것이 인생에서 가장 보람 있는 일이라고 생각해왔다. 그런 만큼 대학 졸업 후 약 3년간 직장에서 경력을 착실히 쌓아왔음에도 승진을 하거나 더 높은 연봉을 받기 위해 업무에 집중하기보단 이른 나이에 결혼을 하여 하루 빨리 안정적인 가정을 꾸리고 싶어 했다.

자신의 강점은 뛰어난 경제력과 사회적 영향력을 펼치는 것이 아닌 남편이 본인의 일에 집중할 수 있도록 집안일과 육아에 관한 모든 걸 완벽하게 수행할 수 있는 내조라 생각해왔다. 그렇기에 이를 원하는 사람들과 만나왔으며 결국 자신과 뜻이 가장 잘 맞는 남성과 결혼해 본인 영역에서 프로페셔널한 모습을 보이고 있다.

이 둘은 다른 형태의 삶을 살아가고 있지만 공통점은 만족스러운 결혼생활을 이어나가고 있다는 것이다. 그리고 이런 삶을 위해 어떤 조건의 남성을 만나야 본인이 원하는 인생을 펼쳐나갈 수 있는지 끊임없이 고민하며 전략적으로 분석해 행동으로 옮겼다는 것이다.

연애 오답 노트를 작성하라

이성을 만나는데 있어 계획과 전략이 필요하다는 의견에 거부감을 갖는 사람들이 있다. 나 또한 그들이 왜 그런 감정을 느끼는지 이해한다. 누군가를 좋아하고 사랑한다는 건 이성이 아닌 감정의 영역이라 믿어왔는데, 여기에 논리를 갖다 대니 자신의 순수한 마음이 바래진다고 느껴지기 때문이다. 옳다, 당신의 소중하고 애틋한 감정 모두를 이성의 영역으로 바꾸자고 말하는 건 아니다. 다만 유혹에 있어 계획과 전략이 없다면 당신의 시간과 감정이 낭비될 수 있음을 말하고 싶다.

이것에 대해 깊이 이야기하기 전에 간단한 질문 하나 던져보겠다. 누구와 연애를 하는데 있어 계획을 세우고 전략을 짜는 등의 일이 골치 아파 '로맨스'라는 이름 아래 당신의 큰 노력 없는 태도를 합리화했던 건 아닐까? 스스로에게만 대답해도 되니까 솔직하게 답변해봤으면 좋겠다.

조건의 기준 없이 아무나와 만남을 이어나간다면 제한된 당신의 시간은 무의미하게 흘러갈 수 있다. 한 달 동안의 다이어트를 위해서도 운동은 얼마나 자주 해야 하는지 식단에서 탄수화물 비율을 몇으로 정할 것인지 등의 계획을 세우는데, 한평생을 함께할 배우자를 고르는데 왜 철저한 계획을 세우지 않는 것인가?

컨설팅을 통해 연애 상담을 요청한 여성들에게 종종 비유로 사용한 단어가 있다. 그건 바로 〈소개팅 오답노트〉였다. 우리는 수능시험에서 높은 점수를 받기 위해 수십 번의 모의고사를 거쳐 왔다. 그런 다음 매번 어떤 문제에 취약한지 확인하고 다음에는 이런 유형에 틀리지 않기 위해 오답노트를 활용해왔다.

이제 우리의 목적은 수능에서 높은 점수를 받는 것이 아닌 연애 및 결혼에 있어 나와 잘 맞는 이성을 찾는 것으로 바뀐 것이다. 새로운 이성을 만날 때마다 그 만남에 대해 느낀 것들을 모두 적어보자. 상대가 지닌 특징은 어떠했고 그것들이 나와 잘 맞았는지, 반대로 나의 조건들이 상대방에게 호감으로 다가갔던 것 같은지 등을 종합하여 서로가 윈윈할 수 있는 관계가 될 수 있는지를 파악해보는 것이다. 나아가 남성과의 데이트에서 내가 어려움을 느낀 부분이 있다면 그것은 무엇이고 어떠한 방법으로 해결할 수 있는지 연구해보자. 이런 형식의 오답노트는 영업이

든 마케팅이든 어떤 분야에서든 적용될 수 있다.

사실 인생의 매 순간이 오답노트가 아닐까 싶다. 경험과 성찰을 놓지 않는 삶이야말로 완성에 가까운 삶일 테니 말이다. 그러니 더 좋은 상대를 만나고 싶다면 일기와 같이 가벼운 마음으로 한번 오답노트를 작성해보길 바란다.

끝으로 난 당신이 '잘 노는 여자'였으면 좋겠다. 모든 장면에 감흥을 느끼는, 감각에 대한 역치가 낮은, 당신이 느끼는 감정에 진심을 다하는, 계절이 바뀔 때 느껴지는 조금은 다른 밤공기를 크게 들여 마시는, 마음을 뒤흔드는 시 한 편의 감동에 눈물을 흘릴 줄 아는, 샤워하며 당신의 노래방 애창곡을 열창할 줄 아는, 좋아하는 와인을 마신 뒤 흥에 겨워 혼자 춤을 출줄 아는, 낯선 상황 속 처음 보는 사람과의 대화에서 긴장감을 즐길 줄 아는, 마음에 드는 남자가 눈앞에 있으면 당신의 매력으로 유혹하겠다는 담대함을 가진, 그런 잘 노는 여자. 너무 멋지지 않은가?

03

유혹이 너무나도 어려운 당신

✧　　이 세상에서 가장 힘든 일이 무엇이냐 내게 묻는다면 그건 바로 사람의 마음을 얻는 일이라고 답하겠다. 이걸 다르게 표현하면 사람의 마음을 쉽게 얻을 수만 있다면 이 세상을 누구보다 편하게 살아갈 수 있다. 여기서 사람의 마음을 얻는 방법이 바로 '유혹'이다. 우리가 인지하든 그렇지 못하든 매 순간 유혹의 손길과 함께한다.

출근길 지하철을 기다리면서 광고 스크린을 마주하고, 포털 사이트 검색창 바로 아래에는 눈길을 끄는 광고 배너가 걸려 있다. 당신은 같은 팀 사람들에게 호감을 줄 수 있는 깔끔한 옷차림으로 회사에 나왔을 것이고, 점심시간에 당신이 원하는 메뉴를 먹으러 갈 수 있도록 팀원들에게 그 음식을 먹어야 하는 이유를 장난스럽게 설득했을 수도 있다.

이때 당신의 '썸남'은 당신의 마음을 얻기 위해 '점심은 맛있게 드셨나요?'와 같은 메시지를 보내왔을 수도 있고, 여기에 당신은 '어떻게 답장을 해야 너무 매력 없이 보이지 않으면서도 또 너무 어렵게 보이지도 않을 수 있을까?' 고민할 수도 있다. 짝사랑하는 사람이나 연인이 있는 당신이라면 사적인 관계에서의 유혹은 한층 더 어려워진다. '어떻게 하면 고백을 받아낼 수 있을까?', '내가 좋아하는 것보다 나를 더 좋아하게 만들려면 어떻게 해야 할까?' 등 모든 것은 유혹과 관련되어 있다.

유혹을 잘하는 여성은 다른 일에서도 탁월함을 보일 가능성이 높다. '나를 어떻게 하면 매력적으로 잘 팔 수 있을까?'란 고민으로 시작된다는 본질은 같기에 유혹 기술이 뛰어난 사람은 영업도 잘하고 마케팅도 잘하며 결국 자신의 비즈니스를 훌륭하게 성공시킬 가능성이 매우 높다. 결국 연애도 비즈니스의 일종이다. 냉정한 이야기라고만 치부하지 말자. 안 그래도 감정적일 수밖에 없는 유혹에서 감정이 개입되면 실패할 확률은 높아진다. 모든 현상을 있는 그대로 객관적으로 분석해서 보는 연습을 지금부터라도 시작해야 한다.

많은 사람들이 유혹을 어려워하는 이유는 무엇일까? 첫째는 모든 상황을 내 시각에서 바라보고 자신의 이익에만 집중해 제멋대로 판단해버리기 때문이며, 둘째는 빠른 성공을 맛보고 싶어 하는 조급한 마음으로 자신의 패를 쉽게 드러내 승률을 낮추기 때문이다.

내가 원하는 것이 아닌
상대가 원하는 것에 집중하라

앞서 우리는 '내가 원하는 것, 나의 욕망은 무엇인가?'에 대해 알아보았다. 그 다음으로 알아볼 것은 '나의 욕망을 실현할 수 있는 가장 효과적인 방법은 무엇인가?'인데, 조금 더 풀어서 설명하면 '내가 원하는 것을 가진 사람(상대방)은 어떤 사람이며 그가 원하는 것(결핍)은 무엇일까?'를 알아내는 것이다. 하지만 많은 사람들은 상대방이 원하는 것에 집중하지 않고 내가 원하는 것에만 집중한다. 다음은 유혹에 대해 다르게 생각하는 두 사람의 머릿속을 정리한 것이다.

A. 내가 원하는 것에만 집중하는 사람의 사고회로

저 사람이 내 마음에 들어야 한다.

= 나는 저 사람이 좋다.

= 내가 원하는 걸 저 사람이 해줬으면 좋겠다.

= 상황의 모든 초점과 시선을 그가 아닌 나에게 맞춘다(내 감정에 따라 행동이 좌지우지된다).

= 지금 내 표정이 어떨지, 몸짓은 괜찮은지 등의 자기 검열로 인해 애티튜드가 우아하긴커녕 어색하다. 이런 상황에서 연출력은 불가능하다.

B. 상대방이 원하는 것에도 집중하는 사람의 사고회로

내가 저 사람의 마음에 들어야 한다.

= 저 사람이 날 좋아하게 만들어야 한다(이게 목적임을 명심한다. 모든 일을 시작할 때는 명확한 목표 설정이 되어야 힘든 시기에 좌절감을 덜어낼 수 있다).

= 저 사람이 원하는 걸 제공해줘야 한다.

= 상황의 모든 초점, 시선을 내가 아닌 그에게 맞춰야 한다.

= 그의 표정, 몸짓, 스쳐 지나가는 말 등에 집중한다.

타인의 마음을 잘 얻을 수 있는 사람은 상대방의 기분을 재빠르게 눈치채고 그 분위기에 맞춰 그를 기분 좋게 만들어준다. 이때 필요한 관점은 내가 중심이 되어 상대를 바라보는 게 아닌(시선이 자신의 내부로 향함) 상대방의 입장이 되어 '현재 그가 필요로 하는 건 무엇일까?'를 생각하는 것이다(시선이 상대방의 외부로 향함).

그러기 위해선 상대방에 대한 고정관념과 선입견을 버리고 철저하게 객관적 단서로만 상황을 판단해야 한다. 이때 객관적 단서란 앞서 연출력 요소로 언급한 '그 사람이 보이는 찰나의 표정 변화, 목소리 톤과 말투, 사소한 몸짓 언어까지' 모든 것이 해당된다. 이런 단서를 올바르게 파악하기 위해서 꾸준한 관찰력이 필요하다는 건 그만 언급하도록 하겠다. 그간 당신은 2가지 중 어느 사고회로에 해당되었는지 냉정하게 확인해보자.

조급함은 자신이 불안하다는 증거다

"근데 우리 무슨 사이야?"

좋아하는 이성에게 이와 같은 질문을 해본 적이 있다면 이번 글에 더욱 집중해보자. 이런 질문을 던진 이유는 당신이 불안하기 때문이다. 지금 관계를 정의하지 않으면 나를 떠나버릴 것만 같은 두려움에 한시라도 빨리 자신의 불안한 마음을 달래 달라는 요구를 한 것이다. 불안함을 드러내고 자신의 패를 펼쳐 보이는, 이보다 더 매력 없는 멘트가 있을까 싶다.

관계를 정의하지 않는다고 해서 나를 떠나갈 사람을 억지로라도 붙잡고 싶은가? 그런 낮은 자기 확신과 불안감을 드러내 보이는 사람에게선 그 누구도 결코 높은 가치를 느낄 수 없다. 불안한 사람은 상대에게 기대고 싶어 하지만, 아직 마음의 준비가 되지 않은 상대는 부담감에 그 상황을 피하고 싶어할 것이다.

그렇다면 우리는 왜 조급한 행동을 할 수밖에 없었던 것일까? 그건 바로 지금 당장 그 사람에게 잘 보이고 싶고 상대의 마음에 들고 싶어서 모든 걸 맞춰주기 때문이다. 이런 행동이 효과가 있을 것이라는 건 당신이 믿고 싶은 희망일 뿐 정답이 아니다. 상대방에게 모든 걸 맞추면 안 된다. 이 뜻이 상대방에게 맞추고 싶은데도 억지로 참거나 일부러 못되게 행동하라는 뜻이 아니다. 절제할 줄 아는 연습이 필요하다는 뜻이다. 당신의 마음이 100이라면 마음이 0인 것처럼 가짜를 보이는 게 아닌, 50 정도로 진짜 속마음을 살짝 감추는 것이다.

예를 들어 당신이 마음에 드는 남성과 데이트를 즐기고 집으로 돌아왔고, 다음 날 연락하겠다고 말한 그에게 한시라도 빨리 연락이 오길 기다리고 있다. 그러나 그날 밤에도, 다음 날 아침에도 그에게 연락이 오지 않았다. 3일 정도가 흘렀을까? 상심의 나날을 보내고 있는 어느 날 그에게 오늘 저녁 시간 괜찮냐는 문자가 도착했다. 이때 "괜찮고 말고요. 얼마나 당신의 연락을 기다렸는지 몰라요. 지금이라도 연락줘서 너무 고마워요"라고 있는 그대로의 감정을 말하는 건 마음을 100으로 보이는 것이고, 서운함에 "아니요. 당분간은 바빠서 못 만날 거 같아요"라고 마음에도 없는 거짓을 말하는 건 0으로 보이는 것이다. 그렇다면 50을 보여주는 대답은 무엇일까?

"오늘은 너무 급작스럽네요. 이번 주 주말이 괜찮을 거 같은데 그때 시간은 어떠세요?"

어떤가? 당신의 진심을 감추지 않으면서도 조금의 내숭이 필요하다. 만약에 안 된다 말하고 그가 떠난다면? 마음속으로 '안녕히 가세요' 하며 보내주자.

조급해하지 않으려면 어떻게 해야 하냐는 질문에 대한 나의 답변은 간단하다.

"당신의 에너지를 분산시키세요."

세계를 넓히자. 즐거운 일은 이 세상에 널리고 널렸다. 세계를 넓히는 방법은 STAGE 2 담보를 만드는 방법에서 언급했다. 지금 당장은 인생의 즐거움이 그 남자와의 만남뿐이라는 생각이 들 수 있겠지만 내가 장담할 수 있다. 당신의 인생에서 그보다 더 큰 즐거움은 수없이 남아 있다는 사실을.

나는 지금 이 사람이 나에게 당장 고백을 했으면 좋겠는데 그렇지 않다면? '아직 때가 아닌가 보구나' 하고 자신의 세계로 돌아가 그곳에 집중하면 되는 것이지, 제발 우리 사이가 어떤지 묻지 말자.

물어보는 순간 이미 모든 패를 드러낸 질 수밖에 없는 게임이다. 그 관계에서 당신이 주도권을 완전히 내어준 것이다. 그런 상태에서 관계를 시작하고 싶은가? 어떤 사이인지 그 정의가 무엇이 중요한가? 상대방이 당신에게 매력을 느낀다면 어떤 사이로 정의되든 상관없이 당신을 쫓을 텐데.

04

모든 건 가치 싸움이다

◇　'나'라는 사람도 하나의 브랜드로서 시장의 평가에 따라 값이 매겨지며 가능한 몸값이 높은 사람이 되길 원한다. 이직 과정에서 연봉 협상 시에 이전 직장에서 보다 더 높은 연봉을 받길 원하고, 생일 선물을 받을 때에도 값비싼 선물로 성의를 표시해주는 지인이 있다면 내가 그만큼 중요한 사람이란 느낌을 받는 것이 사실이다. 이처럼 우리는 스스로의 가치를 최고로 끌어올리기 위해 매일 노력하며 살아간다. 그렇다면 과연 흔히 말하는 '가치'란 어떠한 요소로 평가되는 것일까? 그것만 갖추면 한 번에 가치를 높일 수 있는 것일까?

지금 STAGE 4에서 배운 '차별화'를 떠올렸다면 내용을 잘 따라온 것이다. 조금 더 정확히 말하면 가치를 결정짓는 요소 중 가장 중요한 건 '차별화를 통한 희소성'이다. 앞에서는 차별화에 초점을 맞춰 이야기했다면 이번엔 '희소성'에 중점을 둘 것이다. 요가 강사 시절 차별화를 통해 몸값을 높인 일화를 기억하는가? 만약 그 상황에서 아무리 차별점을 내세운 나였어도 알고보니 나와 똑같은 조건을 지닌 강사가 여럿 있었다면 그때에도 나의 몸값을 높일 수 있었을까? 그렇지 않다.

결국 가치란 '내가 얼마나 희소성이 있는 사람'인지, '대체될 수 없는 존재'인지에 따라 결정되는 것이다. 희소가치를 높이는 방법을 크게 2가지 측면으로 생각해볼 수 있다. 객관적 가치와 주관적 가치인데, 주관적 가치는 조작적 인식 여부에 따라서 다시 종류가 나뉜다. 단어가 낯설게 느껴질 뿐 내용은 당신도 이미 알고 있는 것이니 편하게 읽어보자.

- 객관적 가치
- 주관적 가치 ┬ 비조작적 인식
          └ 조작적 인식 ★

'객관적 가치'를 나타내는 요소는 우리가 흔히 표현하는 '조건' 즉, 사회적 배경에 해당되는 것이 많다. 어디 학교를 졸업했고 지금은 어떤 직장을 다니며 연봉으로 얼마 정도를 받고 있는 지 등이다. 조금 더 범위를 넓혀 보면 그 사람이 얼마나 호감 가는 인상을 지녔는지, 건강한 신체 이미지를 갖고 있는지 등이 포함될 수 있다. 이와 같은 눈으로 직접 확인이 가능하고, 사실 여부를 판단할 수 있는 가치를 높이기 위한 방법은 여기서 다루지 않을 것이다(더 좋은 직장으로의 이직이 필요하면 헤드헌팅 서비스를 이용하고, 멋진 몸매를 갖고 싶다면 헬스장을 등록하자).

내가 이 책에서 중요하게 다룰 부분은 바로 '주관적 가치'다. 주관적, 말 그대로 보는 이의 인식에 따라 다르게 평가될 수 있는 면을 바꿔보려고 한다. 그렇다면 여기서 주의 깊게 다뤄야 할 것은 상대방의 '인식'이다. 이때 인식은 '비조작적 인식'과 '조작적 인식'으로 나눌 수 있다.

'비조작적 인식'이란 상대가 느끼는 것을 쉽게 조작할 수 없는 영역으로 연출력이라고 생각하면 이해가 쉽다. 연출력을 쉽게 조작하지 못하는 이유는 이미 특정 이미지와 분위기에 대한 스키마schema(정보를 통합하고 조직화하는 인지적 개념 또는 틀)가 형성되어 있기 때문이다. 우리가 '우아한 여자'라는 단어를 들으면 여유가 느껴질 만한 속도의 말과 부드러운 행동, 표정 변화가 크지 않은 상태로 은은한 미소를 짓고 있는, 곧고 바른 자세를 잃지 않는 모습을 떠올리지, 걸음걸이가 빠르며 행동 범위가 크고 구부정한 자세로 앉아 있는 여자를 상상하진 않는다. 이에 따라 비조작적 인식 즉, 연출력을 통해 높은 가치를 드러내는 방법에 대해서는 STAGE 3에서 설명했으므로 넘어가도록 하겠다.

그 다음으로는 여기서 다루고자 하는 가장 핵심 개념인 '조작적 인식'에 대한 내용이다. 말 그대로 나의 말과 행동에 따라서 상대방이 나를 인식하는 틀을 마음대로 조작할 수 있는 영역을 뜻한다. 인식의 틀을 조작하는 방법은 다양하게 존재하지만 여기서는 '의미 부여'라는 개념에 대해 설명해보겠다.

당신 앞에 500원짜리 크기의 돌 하나가 놓여 있다. 이때 당신은 이 돌의 가치를 높게 평가할 것인가? 절대 그렇지 않다. 당신에게 이익이 되는 기능이 없고, 어딜 가나 쉽게 볼 수 있는 흔한 돌이기 때문이다.

그런데 만약 그 돌이 소원을 이루어주는 돌이라면? 혹은 첫사랑과 처음 바다로 여행을 떠났을 때 그가 당신에게 '이 돌의 반짝임이 꼭 너를 닮았어'와 같은 평생 기억하고 싶은 멘트와 함께 건네준 돌이라면? 더 이상 흔한 돌 중 하나가 아니게 된다. 이와 같이 의미 부여를 통해 가치는 높아질 수 있다.

유일함으로 유혹하는 법

우리의 가치를 높이는 방법도 이와 똑같다. 상대가 나에게 '의미 부여'하도록 만들면 된다. 의미를 부여할 수 있는 방안 또한 여러 가지인데 가장 기본적인 방법인 '유일함'을 활용해 이야기해보겠다. 유일하단 건 새롭다는 것과 같은 의미를 지니기에 상대방의 일상에서 나의 존재가 신선하게 다가오도록 만들어야 한다. 지금 내 상태 있는 그대로 그 사람의 세계에 들어가도 나를 신선하게 느낄 정도로 비교적 일상이 반복되고 단조로워서 어쩌면 지루할 법한 사람을 유혹하든가 또는 자신의 인생에 만족하며 즐거움을 느끼는 사람의 세계에 들어가 유혹하되 내가 그의 세계를 뒤흔들어 놓을 수 있을 만큼 그 사람의 결핍을 채워줄 매력을 갖춰 다가가든가 당신의 유혹 능력과 상대방의 특성에 따라 결정하면 된다.

다음과 같은 상황이 전자의 예시가 될 수 있다. 당신은 평범한 회사원으로 평일 내내 똑같이 출근하지만 유일한 낙이라면 일주일 중 3일은 요일별로 다른 취미 생활을 즐기는 것이다. 똑같은 회사원이 보기엔 별다를 것 없는 일상일 수 있지만, 새벽 6시부터 밤 10시까지 도서관에 앉아 공부만 하는 수험생 또는 취업 준비생에게는 당신의 삶에 새로움을 느껴 당신의 일상 혹은 당신과의 만남에 특별한 의미를 부여할 확률이 높아진다. 이에 따라 당신은 그를 유혹하기 쉬울 것이다. 물론 그가 당신에 대한 관심이 있다는 걸 전제로 이야기한 것이다. 그래야만 가치를 논할 수 있으니까.

이번에는 후자의 예시를 보자. 당신의 유혹 대상은 자신의 인생에 만족하며 매일 신나고 색다른 이벤트로 하루하루를 보내고 있다. 그러나 오랜 관찰 결과, 외로움에서 오는 불안함을 견디지 못해 그렇게 바쁜 시간을 보내고 있다는 것을 알게 되었다. 당신은 그에게 자신의 일정한 생활패턴을 보이며 꾸준히 연락하는 모습을 통해 상대방의 결핍인 안정감을 채워주었고 끝내 유혹에 성공하게 되었다. 물론 당신이 유혹하고자 하는 대상의 결핍이 무엇인지를 알아내는 건 결코 쉽지 않다. 당장 한 번에 그런 능력을 갖추고자 하는 조급함부터 버려야 한다. 큰 틀에서 인간의 유형을 공부한 뒤 관찰부터 시작하자.(STAGE 4 03. 콘텐츠를 풍부하게 만드는 방법 '인사이트' 편을 참고하자.)

이처럼 조작적 인식을 활용한 '유일함, 의미 부여'를 통해 유혹하는 개념에 대해 알아보았다. 이 방법을 제대로 이해했다면 이 메커니즘mechanism의 반대인 상대에게 유혹당하지 않는 방법도 활용할 수 있게 될 것이다. 다음은 유혹당하지 않는 즉, 상대에게 관심을 갖지 않고 집착하지 않는 방법이다.

상대에게 집착하지 않는 방법

누군가에게 집착해본 경험이 없는 사람은 없을 것이다. 그것이 꼭 이성이 아니어도 친구관계에서든 지나간 사건을 후회하는 것이든 혹은 물건이든 간에 말이다. 집착이 우리를 괴롭게 만드는 이유는 나의 소중한 모든 자원(시간, 감정, 체력, 비용)이 그곳에 쏠려 다른 생산적인 일을 할 수 없게 되기 때문이다. 이를 해결하기 위해선 한 곳에 집중된 자원을 분산시키면 된다. 그래서 헤어진 누군가를 잊는 가장 좋은 방법은 바쁘게 사는 것이라고도 하지 않은가? 이런 실재론적 측면에서의 해결 방법뿐만 아닌 관념론적 측면에서의 해결방안을 제시해보려고 한다. 문제의 원인을 이해하면 마음이 한결 편해질 것이다.

앞서 말했다시피 우리가 좋아하는 사람은 높은 가치를 지니고 있고, 높은 가치에는 희소성이란 특성이 있다. 엄밀히 말하면 그 사람이 희소성을 갖추고 있는 것이 아닌 내가 그 사람에게 일방적으로 '희소성과 의미 부여'를 한 것이라고 보는 것이 옳다.

이제 우리가 할 일은? '그 사람이 유일하기에 그 어떤 사람으로도 대체할 수 없다'는 생각에서 벗어나는 것이다. 그 생각을 강화시키기 위한 행동적 방안은 대체할 만한, 대체할 수 있다고 보이는 사람들을 주변에 최대한 많이 두는 것이다. 당신의 준거 집단을 넓혀 그 사람이 당신에게 더 이상 단 하나only one가 아닌 그중 하나one of them가 되게 만들면 된다. 그 사람을 특별하다고 단정 짓지 말자. 특정하지 말자. 당신 주변에 많은 이성을 둔다면 이 생각은 오랜 시간 강하게 유지될 수 있을 것이다.

준거 집단을 넓히는 방법을 반드시 많은 이성을 두는 것으로만 활용할 필요는 없다. 새로운 취미를 만들고, 한 번도 가보지 않은 곳으로 여행을 떠나보는 등 당신의 세계 자체를 넓히는 것 등에도 효과적인 방법이다. 내가 그토록 '새로운 세계를 열 수 있다'는 믿음을 강조한 이유가 바로 여기에 있는 것이다. 내 인생이 재밌으면 당신의 현재 고민 90%는 해결될 것이다.

05

탁월한 유혹자의 태도

✧   아이러니하게도 인간관계는 열심히 할수록 당신의 뜻대로 풀리지 않는다. 이때 '열심히 하지 말자'라는 의미는 대충대충, 성의를 보이지 말라는 것이 아니라 그 관계에 당신의 모든인생을 걸면 안 된다는 것이다.

'계획적이고 전략적으로' 상대방을 유혹하는 건 옳지만 '이 사람 아니면 안 돼'와 같이 매력 없는 절실함은 옳지 않다. 이번에는 탁월한 유혹자의 태도에 대해 알아보자.

'안 돼도 어쩔 수 없다'고 생각한다

누구나 한번쯤 그런 경우 있지 않은가? 소개팅에서 내 마음에 들지 않은 상대가 나왔는데 상대는 나를 좋아하는 경우, 혹은 나는 상대가 마음에 드는데 상대가 나를 마음에 들어하지 않았던 경우 말이다.

다양한 원인이 있겠지만 내가 생각하기에 그런 결과가 나온 이유는 당신이 그다지 마음에 들지 않는 상대 앞에서는 '그러려니' 하는 마인드와 태도를 보였기 때문이다. 그게 오히려 상대방으로 하여금 당신을 더 원하게 만들 것이다. 아쉬울 것이 없어 보이는 태도는 상대를 안달 나게 만들기 때문이다. 동일한 기능의 립스틱이지만 약간의 디자인만 달라진 채로 '리미티드 에디션'이라는 상징성이 부여되는 순간 이 립스틱을 두 번 다시 살 수 없을 수도 있다는, 판매자의 입장에서는 아쉬울 것이 없어 보이는 태도에 당신의 마음이 조급해진 적이 있지 않은가?

다시 한 번 명심하자. 모든 사람은 나보다 가치가 높아 보이는 것에 이끌린다. 당신이 그의 마음을 얻기 위해 애쓰는 걸 들키는 순간 상대가 느끼기에 당신의 가치는 자신보다 낮다고 인식할 것이고, 당신은 유혹자의 위치를 상대에게 내어줄 수밖에 없다 (시간이 흘러 관계가 깊어짐에 따라 반드시 옳은 문장이 아닐 수 있지만 적어도 첫 만남의 유혹 과정에서는 절대적으로 옳다).

조급해하지 말자. '내가 마음에 들지 않으면 어쩔 수 없지. 너의 안목이 부족한 것'란 근거 있는 자신감이 있으면 된다. 나 스스로가 괜찮은 사람이란 확신이 있다면 그에게만 매달릴 필요가 있을까? 이 세상에 절반이 당신과 다른 이성이다. 문제는 그 사람의 가치를 당신보다 높다고 인식하기 때문에 하루 빨리 상대방을 쟁취하고 싶은 불안감이다. 당신의 매력을 높이는데 에너지를 집중하면 조급함은 저절로 해결될 것이다.

주도권을 넘겨주지 않는다

당신의 마음에 드는 이성이 눈앞에 있다. 이때 당신의 머릿속에 드는 생각은 '어떻게 하면 저 사람한테 잘 보일 수 있을까?'가 아닌 '저 사람이 나에게 잘 보이기 위해 하는 행동은 무엇인가?'가 되어야 한다. 즉, 상황의 초점이 내가 아닌 상대방이 되어야 한다. 내가 상대에게 평가받는다는 생각이 아닌 내가 상대를 평가한다는 태도를 갖추어라. 스스로를 검열하지 말고 상대를 평가하라(내가 지금 괜찮은지 아닌지 검열한다는 건 자기 확신이 없고, 상대에게 어떤 이미지로 비쳐지는지 확신할 수 없기 때문이다. 이런 경우에는

STAGE 2~3을 복습하는 것을 추천한다). 저 사람에게 잘 보여야 한다고 생각하면 상대의 눈치를 보게 만드는 상황에 당신이 지배당하게 된다. 주도권을 절대 넘겨주지 마라. 주도권을 넘겨주는 순간 당신의 가치는 상대방보다 낮아질 수밖에 없다.

회사 면접 상황을 예시로 들어보자. 당신은 평가받는 위치의 지원자이며 상대는 당신을 평가하는 위치에 있는 면접관이다. 이때 둘 관계의 역학은 명확하다. 당신이 을이고 상대가 갑이다. 갑의 태도를 살펴보자. 그는 일단 당신 앞에서 자신감 있고 여유로운 분위기를 연출할 것이다. 당신의 눈을 피하지 않을 것이며 꼿꼿하게 편 허리와 움츠리지 않은 어깨, 당당한 말투, 그리고 너무 몸이 앞서 나가지 않도록 적절한 거리감을 유지하고 있다.

그리고 당신에게 질문하기 시작한다. 왜 이 회사를 지원하게 되었고, 입사하게 된 후의 계획은 어떻게 되는지 등에 대한 답변을 듣고 당신이 이 회사에 얼마나 적합한 사람인지 아닌지를 가늠한다. 나아가 당신의 답변 혹은 이력서에 적힌 사항으로 당신을 직접적으로 평가하고 판단하기 시작한다.

'자기소개서 내용을 보니 (……) 위기의 순간을 지혜롭게 돌파할 수 있는 결단력과 자신감이 있네요.'

'그렇게 답변하시는 걸 보면 (……) 사람인 듯하네요.'

마지막으로 가장 중요한 것. 나를 최종적으로 회사 직원으로

뽑을 것인지 말지는 면접관의 선택에 달려 있다. 이 상황의 역학 관계를 이해했는가? 자, 그렇다면 이제 유혹에 있어 당신이 면접관의 위치에 설 차례이다.

여유로운 태도, 상대를 평가하는 듯한 질문 던지기, 선택권을 지니고 있는 위치까지 모두 당신이 지녀라. 그러면 상대는 무의식적으로 당신에게 좋은 인상을 받고 싶어 하며 자신을 선택해주길 바랄 것이다. 이때 당신은 상대방에게 '너는 나를 만날 정도의 가치가 되는구나'의 느낌을 줄 수 있는 자격을 간접적인 언어와 행동으로 부여해주면 된다. 그 간접적인 언어와 행동은 다음과 같이 할 수 있다.

1. 여유로운 태도

고급스러움과 우아함의 밑바탕은 '여유로움'이다. 시각적인 분위기든 태도든 말이다. 또한 여유로움의 본질은 스스로에 대한 확신에서 나오므로 연출력 이전에 자신만의 담보를 길러야 한다. 그런 태도로 상대방은 당신이 우위에 있다고 생각하므로 어울리고 싶어할 것이다. 여유로운 태도를 암시하는 듯한 행동은 다음과 같다.

느긋한 애티튜드

우아함과 품위의 기본이 된다. 모든 행동을 상대방보다 한 박자 느리게 연출한다. 표정은 온화하고 미소를 띠며 과하지 않은 풍부한 느낌으로. 말투 또한 천천히, 또박또박, 끝을 흐리지 않으며 어조를 내리는 형태로 연출한다. 모든 행동과 제스처는 부드러워야 한다.

주변의 것들에 관심, 감정을 표현

여유가 있다는 것은 자기 검열을 하지 않고, 초점을 내가 아닌 상대방과 현재 눈앞에 보이는 상황에 맞추는 행동을 뜻한다. 당신이 긴장하지 않고 여유롭다는 것을 멘트로 드러내보자.

- **예시** "여기 음식점 분위기가 참 마음에 드네요. 특히 저기 걸려 있는 그림이 이곳의 느낌을 잘 드러내는 듯해요."

2. 질문 던지기, 가치 입증 요구하기

당신이 상대방과 동등한 위치를 넘어 우위에 있다는 느낌을 주기 위해서 상대의 가치를 자신에게 어필하도록 유도한다. 왜냐하면 관계에서 권력을 쥐고 있는 사람은 자신의 가치를 굳이 상대방에게 증명할 필요가 없기 때문이다.

- **예시** "노래를 되게 잘 부르신다고 들었어요. 저 노래 잘하는 사람

이 이상형인데 한 소절만 불러주시면 안 될까요?" 이 요구에 응하는 순간, 상대방이 인정하는 자신의 가치를 증명하려는 행동이 되는 동시에 그녀의 이상형에 부합하기 위해 노력한다는 생각이 무의식적으로 들어 그녀의 가치를 높게 인식하게 된다.

3. 평가와 선택권을 지니고 있는 태도

상대의 외모 및 행동을 칭찬(긍정적 평가)함과 동시에 상대방의 행동을 내가 좋아하는 기준으로 정의 내림으로써 그 틀 안에 자신을 맞추고 싶은(나에게 잘 보이고 싶어 하는) 심리를 자극한다.

- **예시 1** 상대가 수저를 놓거나 냅킨을 건네는 등의 행동을 할 때 "자상하시네요. 그런 매너는 몸에 배어 있지 않으면 나오기 힘든데. 전 그런 자상한 남자가 좋더라고요."

    여기서 주의해야 할 점은 당신이 상대방에게 낮은 가치로 평가당하거나 선택권을 넘겨주는 태도를 보이면 안 된다. 낮은 가치로 평가당하는 행동이란 자신감이 부족하고 상대의 눈치를 보는 것이며, 선택권을 넘겨준다는 것은 나의 가치를 평가할 수 있는 기회를 상대방에게 제공해주는 것이다.

- **예시 2** 남성이 의견을 물으면 명확하게 표현하자.
    "어떤 거 드시겠어요?"

→ "아무거나 추천해 주시는 거 고를게요."(×)

→ "저는 마늘을 좋아해서 알리오 올리오로 정할게요."(○)

실제로 본인의 가치가 더 낮은 것 같은데 과감한 행동을 할 수 있을지 불안하다면? 걱정하지 말자. 갑을 관계가 명시적인 면접 상황과 다르게 이성과의 만남에서는 누가 우위에 있는지의 권력 관계를 알 수 없다. 그러니 상황의 순서를 역으로 이용하여 당신이 마치 우위에 서 있는 것처럼 행동하면 상대는 그렇다는 인식을 받게 될 것이다. 더 이상 선택받으려고 애쓰지 말자. 선택권은 당신에게 있다.

만약 매력적으로 행동했다고 자신함에도 불구하고 그가 당신을 선택하지 않은 상황이라면? 당신은 할 만큼 다 했다. 그러니 조용히 보내드리고 새로운 사람을 찾아 나서자. 당신의 매력을 알아봐줄 안목 있는 사람을.

상대를 진심으로 대한다

어릴 때부터 엄마가 자주 해주신 말씀 중 하나가 누군가를 대할 땐 항상 진심으로 대하라는 것이었다. 상대는 너가 진짜로 그 사람을 대하는 것인지 가짜로 대하는 것인지 바로 알아차린다며 가식적으로 행동하는 것은 살아 있지 않은 것과 마찬가지라고 하셨다. 이러한 가르침 덕분일까? 나는 사람들과 쉽게 어울릴 수 있는 친화력이 있고, 상대 또한 나의 진심을 알아주어 깊은 관계로 나아가는 게 어렵지 않았다.

그렇다면 어떻게 행동하는 게 상대를 진심으로 대하는 것일까? 사실 이런 물음에 대해 생각해보는 것이 조금은 슬프기도 하다. 진짜 속마음을 내보이는 것에 얼마나 익숙지 않았으면 우리는 누군가를 진심으로 대하는 법을 잊어버린 걸까?

모든 것에 진짜를 보이려면 자신의 욕망대로 살아가야 한다. 나는 지금 이 친구랑 더 이상 가까이 지내고 싶지 않은데 무리 속 다른 친구들과 멀어질 것만 같아서 애써 좋아하는 척을 한다면 나는 가짜로 행동하는 것에 익숙해져 버려 진짜로 행동하는 것이 무엇인지 잊어버릴 것이다. 책의 막바지에 다다라 느꼈겠지만 만족한 삶을 살기 위한 방법은 모두 유기적으로 연결되어 있다. 그래서 STAGE 1이 '욕망 파악 및 인정하기'부터 시작되는 것이고.

절대로 당신의 감정을 숨기지 말아야 한다. 있는 그대로의 기분과 생각을 적절하게 드러낼 줄 알아야 상대방이 당신에게 거짓이 없다는 것을 느낄 것이며 당신에게 그 또한 진심으로 대할 것이다. 유혹에는 연출과 전략이 필요하다. 어쩌면 그 과정에서 감정을 잠시 숨기는 '척'해야 할 수도 있다. 그러나 그 바탕에는 '저 사람과 함께하고 싶고 저 사람을 나로 인해 즐겁게 만들어주고 싶다'는 진심이 있어야만 당신의 자연스러운 매력으로 유혹이 가능할 것이다.

상처받을 것을 너무 두려워하지 말자. 나만의 담보와 새로운 세계를 열 수 있다는 확신만 있다면 그리 무서울 것도 없다. '아니면 어쩔 수 없지'라는 마인드를 갖추기 위해선 일단 그 상황에 최선을 다하는 것이 먼저다. 자신을 믿고 한 발짝 내딛어보자. 당신이 먼저 진심을 보인다면 세상은 그 이상의 것을 보여줄 것이다.

06

매력 있는 여자 총정리

✧   이 책에 등장한 모든 개념과 방법론을 바탕으로 매력적
인 여자는 어떠한 특징을 지녔는지에 대해 정리해보려고 한다.
각각의 개념과 원인, 해결방안 모두가 연결되어 있는 만큼 정리
하는 마음으로 훑어보면서 지금까지 배운 내용을 떠올려보길 바
란다. 다음 조건에 모두 해당된다면 앞으로 인생에 큰 고민이 없
을 것이다. 가장 기본이 되는 특징부터 순서대로 정리한 것이니
하나씩 단계별로 따라가며 자신은 몇 개의 특징에 해당되는지
알아보자.

1. 활력 있는 여자, 욕망 있는 여자

모든 문제는 부족한 체력에서 나온다. 체력이 뒷받침되지 않으면 하고 싶은 일을 마음껏 못하는 건 기본이요, 주변 사람들에게 친절하게 대할 수 있는 에너지조차 남아 있지 않다. 만약 당신이 어디서부터 인생을 다시 정리해야 하는지 모르겠다면 일단 체력부터 기르자. 운동을 함으로써 분비되는 호르몬의 영향이라든지 심리적 효과는 말할 것도 없기에 우선 몸을 움직임으로써 느껴지는 활기부터 갖추길 바란다.

내 의견을 적극적으로 표현하는 데에도 에너지가 쓰이며 주변 사람에게 관심을 가지는 것조차 에너지가 필요하다. 우리는 본능적으로 건강하고 생기를 내뿜는 사람과 함께하고 싶지, 침울하고 저조한 분위기의 사람과 같이 있고 싶지 않다.

매력적인 여자 중에서 활력 없는 여자를 본 적이 없다. 긍정적인 에너지가 충분하면 이 에너지로 어떻게 내 인생을 더 열심히 살 수 있을까를 고민할 수 있게 된다. 그때부터는 원하는 인생을 진취적으로 꾸려나가면 되는 것이다.

2. 주관이 뚜렷한 여자, 취향 있는 여자

시간의 흐름에 따라 나이가 들어 좋은 점은 내가 어떤 것을 좋아하고 어떤 것을 싫어하는지 정확히 파악할 수 있기에 좋아하는 것에만 몰두하며 살아갈 수 있다는 점이다. 인생은 행복한 순간만 느끼기에도 짧은데 자신이 뭘 좋아하고 어떤 취향을 지녔는지도 모른 채로 살아가는 시간이 너무 아깝지 않을까?

또한 남이 당신을 어떤 이미지와 얼마나 높은 가치로 바라보는지 판단하는데 있어 당신의 취향 또한 고려 요소가 될 것이다. 가치 높은 사람으로 인식되기 위해서 비싸고 아무나 접할 수 없는 취미와 취향을 가지라는 이야기가 아니다. 남들이 좋다고 해서 좋아하게 된 배경의 취향이 아닌 왜 그런 취향을 갖게 되었는지 흥미롭게 설명할 수 있는 스토리가 있으면 된다. 물론 이러한 능력은 자신이 평소에 어떠한 생각을 갖고 사는지를 바탕으로 이루어지기에 경험과 성찰은 언제나 필수다.

3. 담보 있는 여자(성취 경험)

자기 확신, 담보가 반드시 필요한 이유에 대해선 여러 번 설명했지만 마지막 한마디로 정리하면 내 인생에서 나는 평생 함께할 소중한 동반자이기 때문이다.

짧게는 몇 개월밖에 만나지 않을 수도 있는 이성 또한 자신의 인생에 얼마나 최선을 다해 온 사람인지를 알기 위해 그의 성취 경험을 따지는데 그 이전에 나 스스로에게도 떳떳하고 뿌듯해야 하지 않을까? 그렇게 원하는 인생의 퍼즐을 조금씩 맞춰나가고 있단 생각에 당신은 더더욱 동기를 느껴 더 많은 성취 경험을 쌓아나갈 것이다.

4. 곳곳에 나만의 즐거운 세계가 있는 여자

앞서 나만의 세계 없이 오로지 에너지를 한 곳에만 쏟으면 상대방에게 집착하게 되는 등의 위험 요소가 생길 수 있다고 말했다. 만약 당신의 세계가 오직 하나인데 그곳에서 큰 상처를 받았다고 가정해보자. 다른 곳으로 잠시 몸을 피하고 싶어도 피할 수 있는 공간이 없다. 그러나 당신의 세계가 한 곳이 아닌 여러 곳에 있고 에너지를 분산투자 해놓는다면 한 곳에서 속상한 일이 생길 땐 다른 한 곳에서 쉴 수 있다. 나아가 나의 세계가 즐거우면 이 세계에 호기심을 갖는 사람들이 생길 것이고, 그때 마음에 드는 사람이 언제든 다가올 수 있으니 받아줄 준비를 해놓자.

5. 아쉬울 게 없는 여자(미움받을 용기가 있는 여자)

매력 없는 사람은 아쉬운 게 많은 사람이다. 아쉬운 게 많으면 사람들의 눈치를 보기 때문이다. 눈치를 보는 사람은 진짜 자신의 인생을 사는 게 아니므로 어딘가 모르게 움츠려 있는 분위기가 깔려 있을 수밖에 없다.

그러나 매력적인 여자는 아쉬울 것이 없다. 왜? 근거 있는 담보와 새로운 세계를 열 수 있다는 자신감으로 '아님 말고'의 마인드를 지니고 있기 때문이다. 아쉬울 게 없는 사람은 타인으로 하여금 언제든지 사라질 수 있을 거란 불안감을 느끼게 할 수 있고, 이 불안감은 당신에게 상대방을 더욱 원하게 만드는 기폭제 역할을 하게 된다. 질척거리지 말자. 매번 아쉬운 말만 하는 사람은 그 누구의 환영도 받지 못한다.

6. 자연스러운 여자

뭘 해도 어색한 사람들이 있다. 무언가 일치하지 않는 느낌이 드는데 그건 바로 겉과 속이 일치하지 않아서 발생되는 문제이다. 자연스럽다는 건 있는 그대로를 보여준다는 것이다. 그렇다고 연출력을 부정하고 활용하지 말자는 이야기가 아니란 것은 이제 알고 있을 거라고 믿는다.

속으로는 싫은데 겉으로는 좋은 척, 속으로는 재미없는데 겉으로는 재미있는 척 등의 가식과 가짜는 티가 날 수밖에 없다. 당신이 느끼는 감정, 욕망하는 것들 그대로를 인정하고 표현하자. 말뿐만 아니라 표정과 몸짓 모두 일치시키자. 나를 숨기며 잘 보이려고 애쓰는 순간 자연스러움은 사라지고 어색함만 남게 된다는 것을 기억하자.

7. 사랑스러운 여자

누구나 내가 좋아하는 사람에게 사랑받고 싶어 한다. 사랑받으려면 어떻게 해야 할까? 간단하다. 사랑스러워지면 된다. 마치 자연스러워 보이고 싶으면 부자연스러움을 나타내는 것들을 제거하고 있는 그대로를 보이는 것처럼 말이다.

일단 당신을 사랑스럽지 않게 만드는 요인부터 제거해보자. 불평불만하기, 짜증 내기, 안 될 거라고 선 긋기, 남 인생에 지나친 관심 갖기 등이다.

그 다음에 당신이 사랑스러움을 느끼는 대상의 공통점을 분석해보자. 귀여운 동물의 동영상이 될 수 있고, 보기만 해도 기분 좋아지는 친구가 될 수도 있다. 공통점이 무엇인지 궁금하다고? 앞의 1번부터 6번을 종합하면 된다. 딱 하나의 이유는 없다. 당신이 갖출 수 있는 장점은 모두 갖추자.

8. 연출력이 뛰어난 여자

여기서의 연출력은 단순히 표정, 말투를 뜻하는 것이 아니다. 자기 자신을 얼마나 괜찮은 사람인지 드러낼 수 있는 뻔뻔함과 자신감 그리고 상대가 나에게 보고 싶어 하는 모습을 얼마나 자연스럽게 보여줄 수 있는지를 뜻한다.

매일 똑같은 모습만 보이면 질리고 시시하다. 어떨 때는 자신의 욕망을 마음껏 드러내고, 또 어떨 때는 신비롭게 당신을 감추어라. 적재적소에 다양한 콘셉트를 활용하여 새로움을 제공해주어라. 새로움은 곧 유일함이며, 유일함은 곧 희소성이기에 당신의 가치는 높아질 것이다.

이 책을 읽는 동안 당신이 조금이라도 불편하길 바랐다. 여자의 욕망, 연출력, 유혹⋯⋯ 기분을 편하게 만들어주는 단어들은 아니었을 것이다. 저자인 나는 그런 불편함을 좋아하기에 독자들 또한 그렇게 느끼기를 의도한 부분도 없지 않아 있었다. 당시에는 미간을 살짝 찌푸릴지 몰라도 결론적으로 새로운 세계를 열어준 것 대부분은 나를 불편하게 만드는 사실들이었기 때문이다. 착한 여자보다 욕망에 충실한 여자가 더욱 행복한 삶을 살아가며, 있는 그대로의 모습을 보이기보다 그럴듯하게 보이기 위해 이미지와 캐릭터를 연출해 나가는 여자를 매력적이라고 사람들은 말한다. 원하는 이성과 만족스러운 관계를 이어가는 여자는 우연과 운명에 의지하기보다 계획과 전략을 통해 유혹하는 여자이다.

집필 초반에 누군가가 나에게 이 책을 쓰게 된 배경이 무엇인지에 대해 물었다면 '더 많은 여성들이 제 경험과 성찰로 더욱 나은 삶을 살기를 바라기 때문이죠'라 말했을 것이다. 하지만 집필을 끝낸 시점에서 똑같은 질문을 받는다면 이렇게 대답할 것이다. '이 책을 쓰는 과정과 결과에서 제 욕망이 충족되었기 때문이죠.' 오해하진 않았으면 좋겠다. 나는 당신이 이 책을 통해 진심으로 더 행복해지길 바란다. 다만 누구에게나 듣기 편한 말을 달콤하게 하기보다는 진정으로 하고 싶은 말을 과감하게 담았다는 걸 고백하고 싶었을 뿐이다.

이 책에서 주장하는 나의 의견이 여성 모두에게 정답이 아닐 수도 있다. 그렇기에 '행복한 여성의 삶을 살기 위해 필요한 건 무엇일까?'라는 주제로 앞으로도 활발한 논의가 이루어지길 희망한다. 만약 책의 내용이 당신의 생각과 다르거나 궁금한 것에 대해 답변이 충분하지 않았다면 나의 디렉션이 아닌 당신의 움직임의 몫으로 남겨두고자 한다.

이 이야기가 책으로 나오게 되기까지 많은 사람들의 도움이 컸다. '그 누구 앞이라도 당당하게 할 말은 하고 살아야 해'라는 가르침과 스스로를 대접하여 남이 나를 대접하게 만드는 것이 무엇인지에 대해 몸소 알려주신 엄마 덕분에 담보를 기르고 연출력을 배울 수 있었다. '네 인생은 오로지 너만이 만들어 나가고 책임지는 것이야. 그러니까 남 눈치 보지 말고 지금을 재미있게 살아'라는 조언으로 나의 모든 의사결정을 전적으로 믿고 지지해주신, 어깨너머로 배운 아빠의 대인관계 능력과 처세술 덕분에 어릴 때부터 욕망을 깨우치고 사람을 기분 좋게 만드는 표현 방법에 대해 연구할 수 있었다. '이런 이야기는 상아만이 할 수 있는 거야'라며 내가 더욱 괜찮은 사람이 되도록 만들어주는, 매력적인 사람을 유혹하는 즐거움이 무엇인지를 느끼게 해준 인생의 동반자가 될 그. 신녀성의 생각과 가치관이 더 많은 여성들에게 알려질 수 있도록 출간을 제안해 주시고 집필 처음부터 끝까지 함께 애써주신 박수진 편집자님. 마지막으로 레미장센을 찾아와 말하기 어려울 수 있는 생각과 고민을 솔직하게 털어놓아주신 여성분들, 나아가 신녀성 채널에 댓글로 공감과 응원을 보내주신 모든 여성분들께 이 지면을 빌려 진심으로 감사하다는 말씀을 전하고 싶다.

자신의 삶의 주인공으로 매 순간이 행복하기를 바란다.

신녀성의 레미장센

1판 1쇄 발행 2022년 6월 22일
1판 2쇄 발행 2022년 6월 29일

지은이 안상아
발행인 오영진 김진갑
발행처 토네이도미디어그룹(주)

책임편집 박수진
기획편집 박민희 진송이 박은화
디자인팀 안윤민 김현주
마케팅팀 박시현 박준서 김예은 조성은
경영지원 이혜선 임지우

출판등록 2006년 1월 11일 제313-2006-15호
주소 서울시 마포구 월드컵북로5가길 12 서교빌딩 2층
독자 문의 midnightbookstore@naver.com
전화 02-332-3310 **팩스** 02-332-7741
블로그 blog.naver.com/midnightbookstore
페이스북 www.facebook.com/tornadobook

ISBN 979-11-5851-244-6 (03190)